Reimer Gronemeyer

DIE 10 GEBOTE DES 21. JAHRHUNDERTS

Reimer Gronemeyer

DIE 10 GEBOTE DES 21. JAHRHUNDERTS

Moral und Ethik für ein neues Zeitalter

Econ

Für Rosa Rakelmann

Der Econ Verlag ist ein Unternehmen
der Econ & List Verlagsgruppe

ISBN 3-430-13528-1

Gesetzt aus der Trump und Franklin bei Josefine Urban
– KompetenzCenter, Düsseldorf
Papier: Papierfabrik Schleipen GmbH, Bad Dürkheim
Druck und Bindearbeiten: Bercker Graphischer Betrieb GmbH, Kevelaer

Ziemlich lange fürchteten wir die Größe der Zehn Gebote. Hatten wir das Recht, ein so universales und ernsthaftes Thema zu berühren, das für viele Nationen, obwohl sie es täglich mißachten, ein Heiligtum darstellt? Die Angst verging uns, als wir plötzlich und klar begriffen, daß alle Dichter, Maler, Autoren und Filmemacher, vor uns und nach uns, sich mit dem gleichen Problem auseinandersetzten. Begehrte Shakespeares Richard III. nicht etwas, das ihm nicht gehörte? Die Söhne des alten Karamasow hatten keine besonderen Gründe, ihren Vater zu ehren, und Raskolnikow hatte gar keine Gründe, die Alte zu töten. Breughel malte die Geizigen und die Diebe, und Woody Allen ließ kaum ein fremdes Bett aus. Ähnliches gilt für zweitrangige Krimis und drittklassige Melodramen; es gilt für Beethoven, der in ein und derselben Symphonie Gott verehrte und in Frage stellte. Es gilt für alle, die das Leben beschreiben, eine Laune oder den Zustand der Seele, und wir haben uns in die Reihe der Beschreiber gestellt.

Krzysztof Kieslowski und Krzysztof Piesiewicz über ihre zehn Filme zum Dekalog.

EINE EINLEITUNG

DER DEREGULIERTE MENSCH UND DIE ZEHN REGELN

Ein Mensch, dem der Lebenssinn abhanden kommt, wird Selbstmord begehen. Eine menschliche Einrichtung, sei es eine Familie oder sei es ein Staat, die nur noch – und sei es bestens – funktioniert, aber die nichts darüber hinaus verbindet, die von keiner gemeinsamen Idee oder Vision oder ideellem Interesse getragen und verbunden ist, ist tot und wird verfallen. Es ist eine Besonderheit des Menschen, die ihn groß macht und ihn gefährdet, daß er diese merkwürdige Kleinigkeit einer Vision benötigt, um existieren zu können. Und kein noch so gewaltiger Panzer und kein noch so umfängliches Bankkonto können ihn retten, wenn ihm sein Traum verlorenging.

Christoph Hein

Bill Gates ist das Erfolgsmodell des ausgehenden 20. Jahrhunderts, ein Vorschein dessen, was künftig Karriere heißen wird. Seine Karriere führt ihn von der Garagenproduktion in die Kleingruppe der reichsten Männer der Welt – ein amerikanischer Traum. Aber er wiederholt nicht die Rockefeller-Karriere (»Vom Tellerwäscher zum Millionär«). Früher wurde der Erfolgreiche zum Herrn über Öltürme, Gebäude, Maschinen, Eisenbahnen. Die Produkte von Bill Gates dagegen kommen blitzschnell auf den Markt und verschwinden ebenso schnell wieder. Was ihn reich macht ist nicht aus Beton und Stahl stabil gebaut, sondern es sind Bilder, Impulse, Informationen, deren Verfallsdatum kurzfristig ist. Erfolgreich können diese nicht faßbaren geldträchtigen Tatsachen nur bleiben, wenn sie sich schnell selbst überholen, in der raschen Erneuerung nur bleibt der Erfolg stabil. Bill Gates ist der Homo modernissimus, der begriffen hat, daß man seine Produkte schnell wieder vernichten muß, wenn man sich auf dem Markt der Informationsgesellschaft halten will. Die Sandburg liegt ihm näher als stählerne Tatsachen. Gates hat erklärt (so berichtet Richard Sennett), daß heute erfolgreich nur sein könne, wer sich nicht in einem festumrissenen Job lähme: Ende des Beamtendenkens. Das Wachstum von Technologiefirmen sei eine unordentliche Angelegenheit voller Experimente, Sackgassen und Widersprüche.

Die neue Unordnung bleibt den Menschen nicht äußerlich. Erfolgreich werden künftig Menschen sein, die ohne feste Ordnung auskommen, Leute, die im Chaos aufblühen. Die Sieger von morgen sind beschleunigungsfähig, ihre höchste Tugend ist ihre Orientierungslosigkeit, sie leiden nicht unter der Fragmentierung. Deregulierung ist ihr Lusterlebnis. Kaum haben sie die Sandburg gebaut, springen sie mit beiden Füßen drauf, um daneben eine neue zu errichten.

Die Informationsgesellschaft ruft einen anderen Menschentypus auf den Plan. Während die Gründergenerationen des industriellen Wohlstandes auf Bodenständigkeit, Prinzipientreue, Disziplin, Geradlinigkeit und Sparsamkeit bauten, werden diese alten Tugenden heute zum Erfolgshindernis. Manager mußten bisher ordentliche Familienverhältnisse, anständige Anzüge, abgezahlte Immobilien und geputzte Autos vorweisen, wenn sie sich durchsetzen wollten. Künftig wird dieser altbackene Typ zum ökonomischen Sicherheitsrisiko. Wer abends brav mit den Nachbarn grillt, seinen Rasen kurz hält und sich mit einer Ehe begnügt, demonstriert eine Haltung, die auf einen immobilen Charakter schließen läßt, dem man die nötige Flexibilität und Beschleunigungsfähigkeit nicht zutrauen kann.

Jenes feste Ich, der prinzipienstrenge Mann und die anlehnungsbedürftige Frau, das sich auf den gelegten Schienen, die aus Familie und Arbeitsleben geformt waren, fortbewegte, fährt heute auf ein Abstellgleis. Die sich selbst abschaffende Industriegesellschaft reißt die alten Charakterstrukturen mit sich in den Abgrund, beide haben ausgedient. Wer heute noch den schwindenden Sekundärtugenden nachjammert, hat nicht verstanden, daß neue Verhaltensanforderungen gestellt werden: Der feste Altcharakter wird verflüssigt. Der moderne Mensch ist nicht ein Behälter, in den stabile Tugenden eingelagert werden, sondern eher ein Knotenpunkt, durch den Erwartungen, Informationen, Entscheidungsanforderungen hindurchjagen, die zu organisieren und zu koordinieren sind. Identität im klassischen Sinne ist da eher hinderlich. Wer auf Identität beharrt, muß aussteigen.

Zum untergehenden festumrissenen Ich gehören Gebote, auch die Zehn Gebote, die über Jahrtausende zur Gestaltung des prinzipientreuen Menschen beigetragen haben. Sie gehören zum Kernbestand der Altmoral, die mit der sterbenden Industriegesellschaft und ihren festgeformten Lebensumständen abtreten. Die Tafeln des Moses – so scheint es – sind der Sargdeckel auf dem Grab des Homo industrialis, der vom Gebot Gottes über die Anweisungen des Unternehmers bis zur väterlichen Autorität in der Familie ein Weltzuhause hatte. Das Dach über diesem Weltzuhause ist vom Sturm der Flexibilisierung abgedeckt, und der immer noch anschwellende Hurrikan wird auch den Rest der alten Heimat davontragen. Ein durchaus zwiespältiger Vorgang, denn es wird gleichzeitig auch der alte Muff hinweggefegt, in dem falsche Autoritäten, Patriarchen und KZ-Kommandeure nisteten.

So etwas wie Gebote, die Zehn Gebote gar, scheinen dem modernen flexiblen Subjekt unangemessen. Sie wirken eher wie eine Fesselkugel, die Sklaven und Gefangene früher am Bein getragen haben.

Allerdings gibt es ein paar ungelöste Fragen: Wie will dieser flexible und beschleunigte Mensch das Zusammenleben mit anderen gestalten? Die Gesellschaft, die nur aus flexiblen Menscheneinheiten zusammengesetzt wäre, würde sich ja wie eine gallertartige Masse ausnehmen, ständig glibbernd und in Bewegung. Kann da jeder machen, was er will, wenn er nur flexibel ist? Muß nicht in dieser Szenerie aus Chaos, Beschleunigung und Fragmenten gerade die Frage nach den Strukturen des Ichs neu entstehen? Wird die Sehnsucht nach Stabilitäten im strudelnden Wandel nach Konsistenz im Dauerumbruch verschwinden oder sich doch mit Vehemenz zurückmelden? Daß die Menschen sich damit abfinden, funktionierende Module in Hochgeschwindigkeitssystemen zu sein, kann man eigentlich nicht glauben.

Die Rückfrage nach den Zehn Geboten kann jedenfalls nicht von einer wertkonservativen Zucht-und-Ordnung-Pose geleitet sein. Der Versuch, dem flexiblen Glibber-Ich den Panzer der Zehn Gebote überzuziehen, um ihm eine jedenfalls äußere Stabilität zu verleihen, muß scheitern. Wer da meint, das flexible Ich habe lediglich einen moralischen Vitaminmangel, dem man mit einer ethischen Infusion abhelfen könne, hat etwas falsch verstanden. Wenn Flexibilität zur Überlebensbedingung wird, dann scheint »Anstand« eine altmodische Haltung zu werden, die im Grunde zum Auszug aus der deregulierten Lebenswelt Anlaß gibt. Eine Sache also für Fundamentalisten. Das Anwachsen fundamentalistischer Strömungen in der Weltgesellschaft kann man als eine Antwort auf die moralische Unübersichtlichkeit begreifen: eine Rolle rückwärts in alte Sicherheiten, die sich aber mit der Geschichte der Befreiung des Menschen von bevormundenden Instanzen gerade nicht verträgt. (Die Taliban-Regierung in Afghanistan läßt durch die ministerielle Abteilung *»zur Förderung der Tugend«* im Juli 1998 Videogeräte und Satellitenschüsseln verbieten.)

»Wen halten sie bei der Vermittlung von Werten für wichtig?« Auf diese Frage antworteten die Deutschen in einer Untersuchung, die *Der Spiegel* 1998 vorlegt, so: 38 % nannten Greenpeace, 37 % die Kirchen und 51 % meinten, daß die Polizei die entscheidende Rolle spiele. Der deregulierte Mensch kann – so merken die Leute – auch gefährlich werden, so überflügelt heute der Polizist als Wertegarant den Pfarrer. In Polen haben mehrere Städte ein nächtliches Ausgehverbot für Jugendliche verhängt, offenbar, weil die *innere* Regulierung bei vielen nicht mehr funktioniert. In siebzig amerikanischen Städten gibt es bereits ein solches Ausgehverbot für Jugendliche. Der Staat schiebt äußere Regulierungen nach, weil die inneren versagen. Die britische Regierung hat 1998 das erste Gefängnis für Kinder eröffnet. Es ist eines von fünf geplanten Zentren, die jeweils vierzig Wiederholungstäter zwischen zwölf und vierzehn Jahren aufnehmen sollen. Die Einrichtungen werden privat geführt. Die Kinder werden dort von

Krankenschwestern, Lehrern, Sozialarbeitern und Sportlehrern betreut. Die Kosten liegen bei 15 000 Mark pro Woche und Kind. Kritiker wenden ein, daß ein Aufenthalt im Luxushotel Ritz günstiger zu haben sei.

Das Gezänk um die Frage, ob und in welchem Maße Kriminalität steigt, pflegt jeder mit seinen Zahlen zu belegen. Zukunftsentscheidend dürfte sein, daß Staat und Gesellschaft vor Delikten stehen, die durch ihre andere Gestalt beunruhigen. Der Amokläufer, die haßerfüllte Gewalttat, das Eigentumsdelikt bei dickem Taschengeld und der Vandalismus ohne Vorteilsnahme treten neben den Diebstahl und den Einbruch. Nicht der diebische Straßenjunge, der seinen Hunger stillen will, ist das Thema, sondern die beiden Jungen, die sich 1998 in den USA vor ihrer Schule mit einem Schnellfeuergewehr aufstellen und ihre Mitschüler aus dem Gebüsch heraus abschießen, sagen etwas über die Erosion alter Sinngefüge. Da wird die Rückseite der Kälte, die Kinder und Jugendliche vielfach erfahren, sichtbar – eine Kälte, die angereichert ist durch die dunkle Ahnung, daß man nicht geliebt und nicht gebraucht wird.

Deregulierung – so sieht man – kann auch ein teures Unternehmen werden. Diejenigen, die aus der Flexibilisierung kein Kapital zu schlagen vermögen, drohen zu kostspieligen Projekten der sozialen und polizeilichen Kontrolle zu werden. Der innere Kreiselkompaß der traditionellen autoritären Moral, der den Menschen bisher weitgehend erfolgreich eingepflanzt wurde, scheint zerbrochen, und damit wird die Frage dringlich, wie das Individuum, die Familie, die Gesellschaft »funktionieren« sollen. Soll das Gesetz des Stärkeren die Verhältnisse regeln? Soll die Polizei und die Sozialarbeit eine Gesellschaft der Beaufsichtigten garantieren? Oder soll man den sozialen Zusammenhalt als etwas Altmodisches aufgeben? Dann werden sich die Erfolgreichen in videoüberwachten, stacheldrahtbewerten Betonburgen verschanzen, während die Gescheiterten in Slums vegetieren dürfen und nur an Übergriffen gehindert werden müssen. Das hieße, man verläßt den obsolet gewordenen Bereich und Begriff der Gesellschaft (die als überholt gelten würde) und beschränkte sich auf Ordnungspolitik. Vom Gemeinwohl kann dann allenfalls noch sehnsüchtig rückwärtsgewandt an Stammtischen und bei Sonntagsreden gesprochen werden. Daß man damit einer nicht nur deregulierten Gesellschaft und einem flexibilisierten Individuum das Wort redet, sondern einer von Eis überzogenen Lebenswelt, dürfte klar sein.

Genau darum ist über die Regelung der Alltagsverhältnisse im Prozeß der unaufhaltsamen Deregulierung zu reden. Weniger technisch gesprochen: Man darf doch wohl davon ausgehen, daß die Menschen sich etwas anderes wünschen als eine perfekt kontrollierte Welt, in der das Individuum als einsamer Wolf, die Familie als Subventionsbetrieb und die Gesellschaft als gut geschmiertes System gestaltet ist.

WIRD ZUVIEL ODER ZUWENIG ÜBER MORAL GEREDET?

Wir haben jetzt nur die eine Seite des Bildes gezeichnet. Tatsächlich gibt es eine Verflüssigung der Charaktere, der Lebensumstände, der Prinzipien. Das wird unter der Überschrift »Schwinden der alten Wertbestände« beklagt. Die sogenannten Werte bekommen dabei die Gestalt eines schmelzenden Eisblocks oder eines in die Baisse geratenen Aktienpaketes. Gern wird dabei auch von den moralischen Ressourcen, die angeblich knapp werden, gesprochen, als handle es sich um Braunkohle. Von Moral ist heute mehr die Rede als je zuvor. Tugendterroristen aller Art haben ihren Auftritt: Der amerikanische Präsident Clinton wird von Staatsanwälten und Medien einer Moralkontrolle unterworfen, die alles Dagewesene übertrifft. Der geöffnete Reißverschluß an der präsidialen Hose führt zur Staatskrise. Es hat einmal zum unbefragten Privileg, ja zum Beweis ihres Erfolgs gehört, daß Mächtige Sexualität massenhaft genießen konnten. Nicht nur August der Starke ist da zu nennen. Die ehemalige deutsche Bundestagspräsidentin wird einer medialen Leibesvisitation unterzogen, weil sie ihre Tochter in der Schweiz mit einem Dienstflugzeug besucht. Und Parlamentsabgeordnete kehren mit roten Köpfen aus Las Vegas zurück, weil die Bild-Zeitung diese Informationsreise zu den einarmigen Banditen mißbilligt: Die Betroffenen sichern sogleich die Übernahme der Kosten zu.

Wir erleben eine Moralisierung des Alltags, die jeden Bürger erfaßt. Er muß sich morgens die Zähne putzen, um die Verantwortung für seine Gesundheit wahrzunehmen, er soll während des Zähneputzens den Wasserhahn nicht laufenlassen, um kein Wasser zu verschwenden, und die Verpackung seiner Zahnpasta soll beim Einkauf bedacht werden, auf daß sie nicht dem Gebot des Recycling widerspreche. Und um die Moralisierung der Morgenstunde zu perfektionieren, predigt mich die Hoteldirektion an: Ich soll die von mir gebrauchten Handtücher auf den Fußboden werfen, damit nicht umsonst gewaschen werde. (Haben Sie bedacht, daß Waschmittel unsere Gewässer verunreinigen ...?) Die Moralschleusen sind weit geöffnet und überschwemmen uns mit ihrer süßlich-dogmatischen Brühe.

Irgendwie kann man sich des Eindrucks nicht erwehren, daß Moral zu einem schmierigen Kleingeld geworden ist, daß Moral versickert ist in den kleinen Pfützen und Rinnsalen eines unübersichtlichen Alltags. Weil die wichtigen moralischen Fragen unlösbar geworden sind, fummeln die Journalisten am Hosenschlitz des Präsidenten, beckmessert die öffentliche Meinung an Dienstfahrten herum und verlangt von den Abgeordneten das, was sie bei ihrer nächsten Steuererklärung selbst nicht einzuhalten gedenkt.

In den Strudel dieser oberflächlichen Moralisierung des Alltags, die an die großen Fragen der Humanität oder des Sinns oder der Tugend nicht mehr zu rühren wagt, sind auch die Zehn Gebote geraten. Der Boutiquenbesitzer bezieht sich auf sie, weil ihn die Ladendiebstähle ärgern. Männer stoßen sich an der Theke in die Seite und erinnern den Nachbarn leicht grinsend an das Verbot des Ehebruchs. Und der Nachbar, der sonntags den Rasen mäht, wird dezent auf das Feiertagsgebot hingewiesen. Man sieht eine Reihe von milden Alltagsregeln, die etwa soviel Gewicht haben wie das Schild am Bankschalter, das diskreten Abstand vom Kunden, der gerade bedient wird, verlangt. Die Zehn Gebote sind die Büroregeln einer kleinbürgerlichen Lebensweise, die bemerkenswerterweise vor allem an den anderen adressiert werden: Man nimmt die Rolle Gottes ein und sagt: »Du sollst nicht ...« So war das eigentlich nicht gemeint. Die Zehn Gebote sind nicht ein Instrument zur Durchsetzung eigener Interessen, mit dem man sich an Ladendiebe, Ehepartner oder respektlose Kinder wendet, um den anderen in Schach zu halten.

Das Gejammer über das Verschwinden der alten Werte stimmt verdächtig. Wenn erfolgreiche Fußballtrainer sich als Vertreter der »alten Werte« feiern (so Otto Rehagel), dann ist damit wohl eher auf etwas angespielt, was als Anstandskrise wahrgenommen wird. Die Alten verstehen – wie schon immer – die Jungen nicht mehr und finden sie unpünktlich, unordentlich, lasch. Die verschwundenen Werte vertreten da die Sehnsucht nach Correctness und Angepaßtheit. Die eingeschlafenen Füße, die man selber schon hat, sollen gefälligst auch die Jungen haben. Im Grunde läuft das, was die Jammergemeinschaft der Älteren einklagt, auf die alte Weisheit hinaus, die da lautet:

»Die Alten sind gottlob recht tugendlich, die haben alles hinter sich.« Die Zehn Gebote werden im Munde dieser Ankläger zum Anstandswauwau. Am liebsten hätten sie, daß Moses noch ein elftes und zwölftes Gebot mitgebracht hätte, in der die sogenannten Sekundärtugenden (Pünktlichkeit, Ordnung usw.) mitgenannt worden wären. Gegenüber diesem Mißbrauch der Zehn Gebote kann man nur die Jean Genets und die Charles Bukowskis aller Couleur auf den Plan rufen. Jene Schriftsteller also, die aus Ekel an kleinkarierter Moralisierung ihr Leben offen dem Diebstahl oder dem Alkohol oder der Jagd auf Frauen gewidmet haben. Dort – so hat man den Eindruck – lebt das Leben noch, und dort sind die Zehn Gebote nicht im flachen Einerlei eines muffigen Alltags verwurstet. Die Eltern soll man ehren, verlangt Moses. Das setzt erst einmal Eltern voraus, die ehrbar sind, die sich nicht als konturlose Partner, sondern als Vater und Mutter aufführen. Du sollst nicht stehlen: Wird da im Umfeld eines geordnet-idyllischen Alltags an den störenden kleinen Ladendieb gedacht oder an die Großgangster (legale oder illegale), die ihr erschwindeltes Geld auf Schweizer Nummernkonten verstecken? Muß man – denkt man an das Ehebruchverbot – nicht Männern und Frauen die Flucht aus einem Ehebetrieb geradezu anraten, der abends die Partner zwischen Nachttischlämpchen die Routine und Öde ehelicher Pflichten abmachen läßt, Partner, die tagsüber miteinander um Kleinigkeiten maulen?

Der Rekurs auf die Zehn Gebote ist nur als Versuch denkbar, Anstöße wieder aufzugreifen und in die Debatte mit der Weisheit der Vorfahren einzusteigen. Die Begrenztheit der Gebote ist einzusehen, vielleicht müssen sie auch als für unsere komplexe Welt zu simpel verworfen werden oder sind radikal neu zu interpretieren. Mit dem Bezug auf die Zehn Gebote ist man nicht sogleich auf der sicheren Seite einer festgeschmiedeten Ethik.

Die Zehn Gebote sind ein moralischer Faustkeil. Der wird gefährlich, wenn er dazu dient, einen moralischen Fundamentalismus zu hämmern. Sollen wir etwa Dieben die Hand abhacken? Untreue Ehefrauen verbrennen? Mörder in die Gaskammer schicken oder öffentlich exekutieren? Die Zehn Gebote gehören zum moralischen Kontext unserer abendländischen religiösen und kulturellen Tradition. Sie sind konkret, scharf und altmodisch. Damit sind sie – so scheint es – hilfreicher als die lauwarme Brühe eines Weltethos, an dem heute gebastelt wird. Hans Küng macht gerade den Versuch, aus allen möglichen religiösen und humanistischen Strömungen eine Weltethoserklärung zu zimmern. 1993 – Robert Spaemann hat den Vorgang sarkastisch kommentiert – wurde im großen Ballraum des Hilton in Chicago eine »Anrufung der Kräfte des Guten« inszeniert. Die zehn (!) Anrufungen von irgend etwas Höherem wurden in dem vollzogen, was Küng das »Parlament der Weltreligionen« nennt. Die in Chicago versammelten »maßgebenden Repräsentanten der Religionen« sollten durch eine Weltethoserklärung die Menschenrechtserklärung der UNO, »die so oft ignoriert, verletzt und umgangen wird, *ethisch abstützen*«.

Der moralische Qualm, der da aufsteigt, weckt die Sehnsucht nach der Klarheit und Rigidität der Zehn Gebote. Die Ebene der »verbindenden Werte, unverrückbaren Maßstäbe und inneren Grundhaltungen«, die beschworen werden »für die wir alle eine Verantwortung haben«, macht nichtssagende Unverbindlichkeit zum Prinzip. Robert Spaemann zur beschworenen »Verantwortung, die wir alle haben«: »Wir alle? Die Frau in der Putzkolonne der Tübinger Uni? Ihre arbeitslose Kollegin? Die Bettler in Kalkutta? Etwa gar ich? ... Maximilian Kolbe, Franz Jägerstetter oder der Münsterländer Bauer, der einen Juden versteckte, wollten sich nicht ›für etwas einsetzen‹, schon gar nicht für eine bessere Weltordnung, sie wollten das

Rechte tun und das Unrechte meiden und wurden dadurch zu Helden.«

Wo der Markt schon planetarisch wird, so meint wohl Hans Küng, muß sich auch die Moral globalisieren. Irgendwie glauben ja statistisch gesehen die meisten Menschen noch an irgend etwas Höheres. An dieses Irgendetwas kann man dann auch gleich noch etwas verallgemeinerte Moral anhängen. Das Christentum wird ebenso wie der Islam und der Buddhismus ein Stand auf dem postmodernen Jahrmarkt. Den Religionen werden Softversionen übergestülpt, mit denen sie unter dem Satz: »Seid nett zueinander« geeint werden. Schließlich wird als Stabilisator noch ein vages »Sinnangebot über den Tod hinaus« hinzugefügt. Fertig ist die religiöse Tütensuppe für den Weltmarkt.

Die feministische Theologin Elga Sorge hat sich – ganz mit dem soften Zeitgeist segelnd – entschlossen, die Zehn Gebote in »Zehn Erlaubnisse« umzuformulieren. So heißt es bei ihr zum Beispiel: »Du darfst ehebrechen, du kannst ja nicht anders ... Aber natürlich darfst du auch treu sein.« Moral light, nach dem Muster von Angebot und Nachfrage, bei der munter in der Welt herumgefühlt werden kann und nur noch die eigenen Bedürfnisse – Bauch statt Kopf – diskutabel sind.

Küng behauptet, es gebe in allen Weltreligionen fünf Repressionen, »fünf große Gebote der Menschlichkeit, die das künftige Weltethos ausmachen sollen. Das Verbot zu töten, zu lügen, zu stehlen, die Ehe zu brechen sowie das Gebot, die Eltern zu ehren.« Die Menschen in allen Religionen bemühen sich, diesen Geboten zu folgen, aber betrüblicherweise – so Küng – gibt es in der Welt »viel Lug und Trug, Schwindel und Heuchelei, Ideologie und Demagogie«. Wenn sich alle Religionen zusammentun und gemeinsam das sagen, was bis jetzt jede einzelne sagt, dann soll sich die Kluft schließen zwischen dem, was die Menschen für gut halten, und dem, was sie tun. Robert Spaemann kommentiert: »Wenn es einem denkenden Menschen nicht genügt, daß die Vernunft etwas sagt, wenn es einem Christen nicht genügt, daß Jesus Christus dasselbe sagt, wieso sollte er plötzlich den Stimmen beider folgen, nur weil sich noch die Stimme Mohammeds hinzugesellt?« Küngs triviale Merksätze, seine Geschäftigkeit in Sachen Ethik, verwandeln Ethos in ein Projekt, sie instrumentalisieren und institutionalisieren Ethos. (Soll man sich etwa eine Regulierung der Weltmoral durch Ethikkommissionen vorstellen, die ihre Merksätze dem Weltethosprojekt entnommen haben? Ist es doch schon jetzt so, daß die Verwaltung der Ethik in Universitäten und in Kliniken aufblüht: Wann folgen den Ethikkommissionen eigentlich Ethikkommissare?) Ethik ist kein Projekt, das sich Moralplaner ausdenken, sondern ein nachträgliches Reflektieren über ein schon wirksames Ethos. Ebensowenig steht es den im Weltethosprojekt vertretenen Religionsrepräsentanten zu, uns Sinnangebote zu machen. Sinn läßt sich nicht – nach dem Muster von Kopfschmerztabletten – verordnen. Was mit dem Weltethosprojekt vorgeschlagen wird läuft – wie Spaemann zu Recht anmerkt – auf einen ethischen Nihilismus hinaus. Es ist ein Äquivalent zur Weltpolizei, nur kostengünstiger.

Religion ist und bleibt heutzutage Privatsache, ebenso wie das Gewissen nicht zum Gegenstand irgendeiner Moralplanung werden darf. Wenn es eine Krise der Moral und des Gewissens gibt, dann kann man dieser Krise nicht mit einer ethischen Nachfüllpackung zu Leibe rücken. Der Staat ist für gerechte Gesetze und für eine ordentliche Polizei zuständig, nicht aber für die Gewissensüberzeugungen der Menschen. Allein die Vorstellung, eines von den Religionsvertretern ausgearbeiteten Weltethos', das sich wie das globale Telefonnetz um den Planeten spannt und über den Wirren des Marktgeschehens seine Gutmenschenbotschaft abstrahlt, ist gräßlich. Eine moralische Weltwürze, die aus den einzelnen religiösen Pflanzen gequetscht und dann verrührt worden ist. Küng-Ketchup für alle. Man kann wohl Coca-Cola und Marsriegel weltweit vertreiben, ein destilliertes Moralprodukt aber, das überall und zu allen Zeiten schmeckt, wäre das Ende der Moral.

Der Gedanke mag naheliegen, den Menschen ein moralisches Additiv zu verpassen, wenn die alten Ordnungen zerbrochen sind. Die Zehn Gebote aber in ihrer Konkretion und Schärfe eignen sich nicht als ethisches Modul, das den steuerlos gewordenen Menschen nur einzubauen wäre, um ihnen wieder Halt zu geben. Dem flexiblen Menschen, von dem jetzt geredet wird, soll die Zukunft gehören. Das neue Wirtschaftsmagazin *Econy* hebt ihn auf den Schild: »Im Business gelten neue Regeln, die Zeiten von starren Hierarchien, veralteten Mustern und Bürokraten sind vorbei. Wer sich nicht bewegt, hat keine Chance. Wer in der Bewegung aber Chancen sieht, dem stehen alle Türen offen. Für diese Menschen ist *Econy* gemacht. Für innovative Entscheider, für Querdenker, für kreative Unternehmer, für Menschen mit neuen Ideen ...« Die äußere Mobilität unserer Gesellschaft wandert in die Individuen ein, deren höchste Tugend ihre Mobilität wird. Wird dieser flexible Mensch den trüben Bodensatz seiner Vergangenheit wegfiltern als wäre es Kaffeesatz? (Imré Kertész) Ein erinnerungsloses, bindungsfreies Fähnchen im Winde. David Bosshart vom Gottlieb-Duttweiler-Institut in Rüschlikon bei Zürich hat dieses Fähnchen im Winde auf sein Zukunftspanier geschrieben. Der Mensch mit persönlicher Tiefe ist out sagt er. »Sich persönlich fit zu machen, wird nicht mehr heißen, ein starkes Ich zu entwickeln, sondern in virtuellen Beziehungen zu leben und multiple Identitäten zu pflegen. Das heißt: Ich setze nicht mehr auf den persönlichen ›Kern‹ und suche ihn, sondern ich trainiere mir die Fähigkeit an, mich nicht mehr definitiv auf etwas festzulegen. Damit bleibe ich fit für neue Wege. Metaphorisch gesprochen: Statt in die Tiefe gehe ich in die Breite. Ich werde zum Oberflächengestalter, ich gestalte mit meinen Stilen, torsohaften Charakteren und Identitäten Oberflächen. Dreh- und Angelpunkt der persönlichen Fitneß ist nicht mehr der Aufbau einer eigenen, stabilen Identität, sondern das Vermeiden des Festgelegtwerdens.«

Vermutlich ist das sehr wirklichkeitsnah und zukunftsträchtig. Und verglichen mit dem autoritären Stahlcharakter noch nicht einmal unsympathisch. Aber wenn der persönliche Kern tatsächlich out ist, dann sind die Zehn Gebote – oder irgend etwas Vergleichbares – Makulatur. Erinnerungslose Informationsschmetterlinge brauchen dergleichen nicht. Die Prinzipien der Lean production sind damit auf die Person übertragen – und müssen diese Personen dann nicht auch das Bleigewicht der Zehn Gebote abstreifen? Eigensinnige Identität scheint unzeitgemäß. Das deregulierte Individuum muß moralische Prinzipien als Zumutung empfinden – als Barrieren, die ihm den Weg in eine beschleunigte Zukunft versperren. Das Nachdenken über die Zehn Gebote – so sieht man – ist im Zeitalter der Flexibilität eine schwierige Sache. Versuchen wir es trotzdem.

EIN ÜBERBLICK

DIE ZEHN GEBOTE: QUINTESSENZ DES MENSCHENANSTANDS?

Der erste Gedanke bei der Aufstellung eines ethischen Gesetzes von der Form »du sollst …« ist: »Und was dann, wenn ich es nicht tue?«
Ludwig Wittgenstein: Tractatus logico-philosophicus

KEINE GÄNSEHAUT

Der Rechtsanwalt Walter B. fährt mit seinem BMW abends in die seiner Kanzlei nahegelegene Wohnanlage. Dort hält er mit dem Wagen vor dem Müllcontainer. Er steigt aus, öffnet die Heckklappe des Kombi und wirft seinen Sondermüll in den Abfallbehälter seiner Nachbarn. Zweimal entsorgt er so seinen teuren Dreck. Er wird von Bewohnern beobachtet. Der Verwalter der Wohnanlage ruft den Rechtsanwalt an. Droht ihm mit einer Anzeige, wenn er das Zeug nicht zurückhole. Der Jurist: »Sie wissen doch: Ich bin Anwalt. Ich nehme ihre Zeugen so auseinander, daß von denen nichts übrigbleibt.«

Der Nobelpreisträger Francis Crick und die Schriftstellerin Taslima Nasrin aus Bangladesch verteidigen in einer Deklaration die Möglichkeit des Klonens als »segensreich« und meinen, daß es »eine Tragödie wäre, wenn altmodische theologische Skrupel zu einem fortschrittsfeindlichen Verbot führen würden«. Auch Werner Gehring aus Bad Münder bei Hannover, Chef einer der größten Fortpflanzungskliniken der Welt, erklärt: »Menschliche Klone sind wünschenswert als ›Ersatzteillager für die Organtransplantation.‹«

Beispiele. Sie ließen sich beliebig vermehren: *Die Menschen bekommen keine Gänsehaut mehr, wenn sie entmoralisiert handeln.* Es ist nicht neu, daß Juristen das Recht brechen, und es ist nicht überraschend, daß Mediziner Menschen für ihre Zwecke mißbrauchen. Aber seitdem der Schauder vor der Strafe Gottes oder vor der Verletzung des heiligen Rechts getilgt ist, ist eigentlich alles möglich. Jeder Frevel, jede Untat, jede Barbarei. Innere Grenzen (ob die nun *Gott* oder das *Sittengesetz,* das Kant noch als selbst-verständlich galt, genannt werden) gibt es offenbar nicht mehr. Nur da, wo den Tätern äußere Nachteile drohen, lassen sie sich Grenzen setzen. »Es ist dir gesagt, Mensch, was gut und böse ist«, formuliert lakonisch die Bibel. Dieser Satz stimmt nicht mehr, die Menschen haben die Frucht vom Baum der Erkenntnis wieder ausgespuckt: Niemand sagt ihnen scheint's mehr, was gut oder böse ist – kein Gott und keine innere Stimme. Maßstab für das Handeln wird deshalb das *Kalkül:* Was nützt mir, was schadet mir? Die Weltordnung ist damit einer Gebrauchsanweisung ähnlich geworden. Was einmal Moral war, ist nun einer Art Beipackzettel zu entnehmen. Welche schädlichen Nebenwirkungen können die Schurkereien des heutigen Tages gegebenenfalls haben? Stillschweigend und zwangsläufig sind damit die Beziehungen der Menschen unter das Diktat der Ökonomie geraten. Für den amerikanischen Wirtschaftsnobelpreisträger Gary Becker ist »Liebe« eine angestaubte leere Hülse: Liebe läßt sich immer reduzieren auf das Kalkül, das in ihr steckt. So gesehen bleibt der Verdacht nicht aus, daß hinter der Liebe immer Cash lauert, jedenfalls hat diese Liebe immer die Vorteilsnahme im Gepäck. Im Liebes»handel« ist – glaubt man dem Nobelpreisträger – der Tausch (also das Geben und Nehmen) die Grundmelodie. (Romeo und Julia – so muß man bedauernd sagen – hatten eben eine schlechte Marktlage.) Kosten-Nutzen-Analysen, die den Vorteil haben, genau und überprüfbar zu sein, haben den Göttern und ihren Geboten das Mark ausgesaugt. Das Zehntgebot, der Dekalog, gehört – so gesehen – ins Museum ausgestorbener religiöser Bräuche wie Schrumpfköpfe, Fetische oder Zeusstatuen: Verfallsdatum abgelaufen.

Wer will, kann sogar Jubelgesänge auf das Verschwinden der Moral hören. Wir leben – so sagt zum Beispiel der Franzose Gilles Lipovetsky – in einer Epoche, in der wir unser Verhalten von den letzten Überresten unterdrückender, allumfassender Pflichten, Gebote und absoluter Verpflichtungen befreien. Die »Zeiten der Pflicht« sind vorüber, allenfalls eine minimalistische Moralität ist noch debattierbar (Tenor: keine Exzesse! Der schrankenlose Individualismus findet seine Grenze höchstens an dem schrankenlosen Individualismus des anderen.) Auf den Müllhaufen der Geschichte gehören Gott, das Summum bonum (das höchste Gute) und damit natürlich auch der Dekalog – die Zehn Gebote. Die sind aus ihrer metaphysischen Verankerung gerissen: Wer glaubt schon noch, daß Moses auf dem Berg Sinai aus den Wolken zwei Steintafeln entgegengestreckt bekommt, direkt aus der Hand Gottes? Und kann der Dekalog seine Kraft ohne die Autorität Gottes wahren? Kann die Innovationsgesellschaft im Dekalog mehr als eine Bremse sehen, die eine Art Modernisierungshindernis darstellt? Ein Blick genügt doch.

Seit 1998 dürfen Autowaschanlagen auch sonntags geöffnet sein. Als die blaue Aral für sonntägliches Autowaschen mit dem Satz *»Sie haben doch sowieso nichts Besseres zu tun!«* wirbt, entrüstet sich die katholische Arbeitnehmerbewegung Fuldas über diese lästerliche Formulierung – schließlich soll man sonntags in die Kirche und nicht in die Waschanlage gehen. Das Feiertagsgebot (»Du sollst den Feiertag heiligen!«) wirkt in diesem Konflikt nur noch schimmelig, wird verteidigt aus dumpfgrauen Ecken der Republik, in denen der Zug der Moderne einfach noch nicht angekommen ist. Aber das kann nur eine Frage der Zeit sein, dann hat auch da die Waschanlage über die Messe gesiegt. (Merkwürdige Kontinuität: Bisher konnte man sonntags italienische Männer rauchend vor dem Kirchenportal stehen sehen, während ihre Frauen zur seelischen Reinigung in die Messe gingen, während sie heute – immer noch rauchend – vor der Waschanlage stehen, wo ihr Liebstes gesäubert wird.)

Skurril ist doch längst auch das Verbot des Ehebruchs, nachdem wir uns in der Bundesrepublik auf eine Scheidungsziffer von 50 % zubewegen. Die halbe Republik müßte ja gesteinigt werden, wenn das Ehebruchverbot in katholischem Sinne noch Bestand hätte. Oder gar dieser Spruch von den Tafeln des Moses: »Du sollst dir kein Bildnis machen!« Wer käme denn schon noch auf die Idee, sich einen Hausgott aufs Podest zu stellen? Und um solche handfesten geschnitzten, gekneteten oder gemeißelten Götzen geht es in dem alten Verbot nun einmal. Man kann ja nicht kurzerhand den Ursprungssinn ignorieren und nach Herzenslust an dem Götzenverbot herummodernisieren.

Thomas Mann hat die Zehn Gebote als »die Quintessenz des Menschenanstands« bezeichnet. Aber geht das wirklich noch? Sprechen da nicht doch eher Kamelnomaden zu uns, die ihre überschaubaren Lebensverhältnisse in zehn simple und klare Regeln haben fassen können? Was hilft uns der Satz »Du sollst nicht töten!« angesichts einer rasenden medizinischen Entwicklung, bei der die Experten des Todes selbst nicht einmal mehr in der Frage einig sind, wann ein Mensch eigentlich tot ist? Und ob zur Rettung eines anderen Lebens der hirntote, aber fleischlich warme Körper eines Apallikers ausgeweidet werden darf, dazu kann man das Gebot auch nicht befragen. Wer sich da auf das Tötungsverbot zurückziehen will, dokumentiert allenfalls seine fundamentalistische Denkfaulheit, die sich den tatsächlichen Schwierigkeiten entzieht.

Und um noch eins draufzusetzen: Hatte nicht schon das Neue Testament das ziselierte Gesetzesgebäude des Alten Bundes überboten und zu Recht gesagt: Im Liebesgebot – »Du sollst deinen Nächsten lieben wie dich selbst« – sind die Einzelteile des Dekalogs aufgehoben, ist die Einzelbestimmung überflüssig gemacht und radikalisiert? Bei Paulus heißt es im 13. Kapitel des Römerbriefes Vers 9 f: »Denn das Gebot: ›Du sollst nicht ehebrechen, du sollst nicht töten, du sollst nicht stehlen, du sollst nicht begehren‹, und wenn es irgendein anderes Gebot gibt, ist in diesem Wort zusammengefaßt, in dem: ›Du sollst deinen Nächsten lieben wie dich selbst!‹ Die Liebe fügt dem Nächsten nichts Böses zu; so ist nun die Liebe des Gesetzes Erfüllung.«

»DIE TAFELN VOM SINAI HABEN IHRE GÜLTIGKEIT VERLOREN ...«

Und ist darin nicht schon die ganze Emanzipationsgeschichte des Abendlandes eingezeichnet, die doch von der Heteronomie zur Autonomie führt: Von dem Wesen, das sich durch jenseitige Mächte zur Moral zwingen läßt, hin zu dem aufgeklärten – kantischen – Subjekt, das die Pflicht zur Moral aus sich heraus, aus freiem Willen oder gar nicht befolgt? Wieso sollte sich der moderne Mensch, der sich von der Vorherrschaft fremder Autoritäten in einem mühsamen Prozeß befreit hat, veranlaßt sehen, gedankenverloren auf die steinernen Gesetzestafeln des Moses zurückzugreifen?

So scheint es, als würde der Dekalog tatsächlich auf den Müllhaufen der Geschichte gehören. Eine fremdbestimmte, von Göttern befohlene Moral widerspricht dem aufgeklärten Verstande des modernen Menschen, und das, was der Dekalog zu bieten hat, mag zur simplen Lage überschaubarer Nomadenvölker, aber nicht zu uns und zu unseren komplexen Geschäften passen.

Die meisten jüngeren Briten kennen weniger als drei der biblischen Zehn Gebote, und die Italiener, die Deutschen, die Franzosen sind da nicht kompetenter. Die befragten 15- bis 35jährigen Inselbewohner fordern, so enthüllt die Umfrage aus dem Jahre 1994, eine moderne, zeitgemäße Version der Zehn Gebote. »Du sollst nicht töten!« steht zwar noch mit 87 Prozent auf Platz eins der Prioritätenliste. Verlangt wird aber die Formulierung neuer Gebote wie »Du sollst kein Rassist sein!« (68 %)

und »Du sollst dich um deine Umwelt kümmern« (64 %). Daß seine Gebote einmal in der Gestalt von Meinungsumfragen eine Modernisierung erfahren würden, das hätte sich Gott – als er die steinernen Tafeln ritzte – wahrscheinlich nicht träumen lassen. Statt der steinernen Tafeln nun Stichproben und Blockdiagramme. Es ist so lange noch nicht her, da meinte der Gelehrte Johann Heinrich Zedler in seinem 1749 erschienenen Lexikon, daß Gott die Zehn Gebote zunächst mit »majestätischer Stimme vor den Ohren des gantzen Volcks ausgesprochen« habe, »nachgehends schrieb Gott dieselben mit seinem Finger auf steinerne Tafeln«. Er rechnet aus, daß die Kundmachung der Gesetze etwa am 25. Juni des Jahres 2513 nach Erschaffung der Welt, das ist das Jahr 1491 vor der Geburt Christi, stattgefunden habe. Zedler wäre es wohl nicht eingefallen, über eine Revision des Dekalogs nachzudenken, die den Meinungen seiner Zeitgenossen entspringt.

Die Europäer haben – wie man sieht – nur noch eine dunkle Erinnerung an die Zehn Gebote. Sie sind zur Leerformel heruntergekommen, die allenfalls entfernt Assoziationen an Ordnung und Anstand auslösen, eine Satzung mit leicht muffigem Beigeschmack. Die Gebote sind religiöse Folklore – so etwas wie der Japaner in Lederhosen auf dem Oktoberfest. Deswegen können die Zehn Gebote – zum Beispiel in der Werbung – immer wieder einmal Auferstehung feiern. Die Autofirma Nissan wirbt 1997 für den Kleinwagen Micra unter der Überschrift: »Die Zehn Gebote« und preist so die Qualitäten des Gefährts. »Zehn Angebote, das sind ja auch Zehn Gebote«, rechtfertigt Marcel Loko von der Werbeagentur *Zum Goldenen Hirschen* die Plünderung der Religion zu Zwecken des Geschäfts. »Seid versichert!« heißt es in Nissan-Anzeigen: »Nissan ist bei Euch!« Auch der launige Spruch: »Fahren ist seliger als laufen!« dreht Heiliges durch den

Fleischwolf der Werbemaschine. Fraglich, ob den Kunden eigentlich noch bewußt ist, daß eine Verballhornung des Vaterunsers gemeint ist, wenn es heißt: »Fahre dich in Versuchung – dein Micra kommt.« Daß die Zehn Gebote zum Schmiermittel von Kaufanreizen werden, zeigt wohl, daß sie endgültig ausgedient haben – sonst müßte ja ein jüdisch-christlicher Protest hörbar sein. Man muß sich das auf der Zunge zergehen lassen: Ein japanischer Konzern benutzt im ehemals christlichen Abendland die Zehn Gebote als Werbetrick. Ist das nun ein Beleg für globalisierte Toleranz oder für die schulterzuckende Indifferenz gegenüber der Verwurstung kultureller Ressourcen im Marktgeschehen? Nichts gegen beißende Religionskritik, wie sie François Villon oder Monty Python betrieben, aber Wachsamkeit, wenn die Religionsreste zum Treibsatz für Geschäfte werden.

Aber halt! Man gerät in eine merkwürdige Kumpanei, wenn man den Dekalog so in der Rubrik »Erledigte Fälle« ablegt.

Adolf Hitler hat in seinen Gesprächen mit Hermann Rauschning das Ende des Dekalogs verkündet: »Wir stehen vor einer ungeheuren Umwälzung der Moralbegriffe und der geistigen Orientierung der Menschen. Mit unserer Bewegung ist erst das mittlere Zeitalter, das Mittelalter, abgeschlossen. Wir beenden einen Irrweg der Menschheit. *Die Tafeln vom Sinai haben ihre Gültigkeit verloren.* Das Gewissen ist eine jüdische Erfindung.«

Gerade jener Mann, den die Deutschen noch nach dem Krieg dafür gerühmt haben, daß er Sicherheit auf den Straßen und Ordnung in der Gesellschaft geschaffen habe (»... das wäre unter Hitler nicht passiert«), gerade jener Mann schickt sich an, die Tafeln der mosaischen Ordnung zu zerschmettern? Das zeigt vielleicht deutlich, daß die Zehn Gebote keine Gesellschaftsordnung sein wollen, sondern daß sie die Grenzpfähle darstellen, die zwischen dem Bereich menschlicher Gesellschaft und der Barbarei stehen. Sie sind – anders gesagt – die Säulen, auf denen Kultur ruht. Nicht mehr und nicht weniger. *Sie gestalten nicht den kulturellen Innenraum, sondern formulieren die Bedingungen, unter denen Kultur erst möglich wird.* Ein Angriff auf die Zehn Gebote will – so betrachtet – nicht weniger sein als ein Angriff auf die Möglichkeit der Kultur überhaupt. Das zeigt das Beispiel Adolf Hitler. (Die von Aufklärung und Liberalismus betriebene Kritik an starrer Gesetzesreligion und am autoritären Monotheismus hatte ja nicht die Beseitigung des Dekalogs, sondern seine Überbietung im Sinn!)

Hitler wollte die Säulen des Dekalogs zum Einsturz bringen, indem er die zu vernichten trachtete, die diese Säulen errichtet haben, die Juden: »Wir haben die Pflicht zu entvölkern, wie wir die Pflicht der sachgemäßen Pflege der deutschen Bevölkerung haben. Es wird eine Technik der Entvölkerung entwickelt werden müssen. Was heißt entvölkert, werden Sie fragen. Ob ich ganze Volksstämme beseitigen wolle? Jawohl, so ungefähr, darauf wird es hinauslaufen. Die Natur ist grausam, darum dürfen auch wir es sein.«

Hitler zerschlägt dem Dekalog in der Mitte des 20. Jahrhunderts den Schädel. Und setzt die »grausamen« Gesetze der Natur an die Stelle des Dekalogs. Auf diese Ersetzung der *Kulturgesetze,* die uns im Dekalog entgegentreten, durch *Naturgesetze,* die Hitler bevorzugt, ist genauestens zu achten: Wir befinden uns heute in einer Lage, in der die Berufung auf die Gesetze der Natur erneut – wenn auch mit anderer Zielrichtung – »Kultur« zu zerfressen droht: Der *Mensch* wird zunehmend gern als ein von seinen Hirnsynapsen, seinen Genen oder Chromosomen gesteuertes Wesen begriffen, *Gesellschaft* als ein System aufgefaßt, das sich biologischen Prinzipien entsprechend verstehen läßt. Damit ist selbstredend nicht romantische Natürlichkeit gemeint, sondern eine Natur, die ihrerseits zu optimieren ist: Hubertus Markl, der Präsident der Max-Planck-Gesellschaft, hat in diesem Sinne von der »Pflicht zur Widernatürlichkeit« gesprochen. Die ärgerliche Unvollkommenheit von Menschen, Rindern und Weizensorten stellt uns – folgt man Markl – vor Innovationsaufgaben. Die optimierte Natur als Projekt ersetzt Sittlichkeit.

Moral – das hat Friedrich Nietzsche schon herausgestellt – nährt sich aus verblaßten theologischen Vorstellungen. Heute sind diese Vorstellungen dabei, gänzlich abzutreten. Man darf wohl sagen, daß damit eine dramatische Gefahr aufscheint: Der Ersatz für die aus der Transzendenz gesetzte Moral wird notwendig innerweltlich gesucht. Dabei liegt es nahe, Individuum und Gesellschaft aus Naturkategorien – aus den Gegebenheiten des Daseins – abzuleiten. Das schlägt sich darin nieder, daß sich die Personen ihrer Selbstverwirklichung verschreiben und Gesellschaft verstanden wird als ein System, das funktioniert oder nicht funktioniert. Zivilisation fängt aber erst da an, wo die naturwüchsige Verfassung der Menschen und ihrer sozialen Einrichtungen *überwunden* wird. Wo das vergessen worden ist, da wird dann das Prinzip: »Wie du mir, so ich dir« handlungsleitend. Zivilisation – daran sei erinnert – kommt von lat. *civis,* der Bürger. Gerhard Schröder, SPD, schreibt: »Der Staat sollte ein Dienstleistungsbetrieb sein, in dem der Bürger Kunde ist und nicht Gewaltunterworfener.« Wenn der *civis* die Zivilisation begründet, was begründet dann der Kunde?

Vielleicht braucht das 21. Jahrhundert den Dekalog so dringlich, weil es in der Gefahr ist, an die Stelle der *Kultur* erneut die *Natur* zu setzen. *Der Biologisierung von Gesellschaft und Individuum, der wir heute entgegensehen, sind die Zehn Gebote als eine Erinnerung an die*

Unterscheidung zwischen Kultur und Natur entgegenzuhalten. Wie will man sonst verhindern, daß die Idee des optimierten Menschen auf Strömungen trifft und sie belebt, die schon immer auf Ausmerzungen aus war?
Michael Schumacher, Rennfahrer, kommentiert die Ereignisse bei der Fußballweltmeisterschaft in Frankreich 1998: »Diese Hooligans, das sind doch keine Fußballfans. Ich weiß nicht, ob man die auch Menschen nennen darf. Also bei einem Tier geht man hin und schläfert es ein. Vielleicht sollte man das gleiche da auch machen.«

Dabei ist gerade das archaische »DU« dieser Gebote der schärfste Widerspruch zur verlogenen, affirmativen, zeitgenössischen Systemlogik. Der Flucht in »Zwangsläufigkeiten« (»Wir werden den Welthunger ohne eine gentechnologische Überarbeitung der Natur nicht in den Griff bekommen«) schiebt das »Du sollst nicht ...« einen Riegel vor. Und wenn es kein Riegel sein kann, dann ist das »Du sollst nicht ...« vielleicht immerhin eine Ermunterung für die nachdenklich Zögernden.

Hitlers Angriff auf den Dekalog holt ihn aus dem Windschatten einer kleinen Gemeinschaft, in die er ursprünglich gesprochen war, in unsere Gegenwart.
In Opposition zum Hitlerschen Vernichtungsprojekt gewinnt er neue Autorität. Er fordert auf zum Ungehorsam – nicht so, daß er ein moralisches Regelwerk für den Alltag und für die Gefahr formulierte. Da ist jeder auf sich gestellt. Hannah Arendt hat das – im Blick auf die Shoa – so formuliert: »Menschen müssen in der Lage sein, Recht von Unrecht zu unterscheiden, selbst wenn sie sich auf nichts anderes als ihr eigenes Urteilsvermögen verlassen können und dieses darüber hinaus im Widerspruch zur generellen Meinung steht ... Die wenigen, die Gut und Böse noch auseinanderzuhalten vermochten, verließen sich ausschließlich auf ihr eigenes Urteilsvermögen; es gab keine Regeln, auf die sie sich hätten beziehen kön-

nen ... da dem Unvorhersehbaren keine Regeln zugrunde lagen.«

Der Dekalog signalisiert die Grenzen zwischen Kultur und Barbarei, aber er nimmt den Handelnden nicht die Verantwortung für die konkrete Entscheidung ab.

Die modernen Menschen verfügen eben über keine unbefragten moralischen »Ressourcen« mehr. Adolf Hitler und andere Massenmörder dieses Jahrhunderts haben auch die Säulen des Dekalogs einzureißen versucht. Radikaler denn je hat das 20. Jahrhundert – vom Genozid an den Armeniern über Auschwitz und Hiroshima bis zu Gulag und Pol Pot – kaum eine Stunde Ruhe gelassen, in der sich nicht irgendwo Menschen vor die Wahl zwischen Unterwerfung unter Barbarei und lebensgefährlichen Widerspruch gestellt sahen. Dem Unvorhersehbaren liegen keine Regeln zugrunde; man kann dem Unvorhergesehenen deshalb auch nicht den Dekalog als moralisches Amulett entgegenhalten. Der Dekalog kann nicht der moralische Stadtplan für die Ordnung unserer Gesellschaft sein, aber vielleicht das Werkzeug, mit dem die Ungehorsamen wider den Stachel der Barbarei löcken können? Der Dekalog ist eine Memento, nicht Rezept.

Diesem Mißverständnis gilt es von vornherein zu wehren: Der Dekalog und auch kein anderes heteronomes Regelwerk – ob es nun von Buddha oder Mohammed oder der UNO stammt – kann zum fundamentalistischen Rettungsanker in der gegenwärtigen Orientierungskrise werden. Der Dekalog ist kein Benimmbüchlein für das 21. Jahrhundert. Der Dekalog eignet sich nicht als moralisches Sturmgepäck oder ethischer »survival-kit«. Jetzt nicht und erst recht nicht in Zukunft. Wer dem kommenden Jahrhundert kurzerhand das Zaumzeug des Dekalogs anlegen will, der muß damit rechnen, daß er auf die Ebene jener lächerlichen Büroordnungen, die den Dekalog kopieren, herunterkommt.

Die Zehn Gebote
erfreuen sich vieler Aktualisierungen.

Da gibt es die Zehn Gebote für notorische Miesmacher, die Zehn Gebote für Chorsänger (von der Berliner Liedertafel), und auch diese schale Modernisierung findet sich im Internet:

Du sollst keine anderen Betriebssysteme neben mir haben.
Du sollst in diesem Raum nicht essen und nicht trinken.
Du sollst den Anweisungen des Systemverwalters und der Aufsichten Folge leisten.
Du sollst nicht in den Daten von anderen »rumpfuschen« (falls sie sich nicht richtig ausgeloggt oder unzureichende Zugriffsrechte vergeben haben).
Du bist selbst für deine Daten und deren Sicherheit verantwortlich.
Du sollst verantwortlich mit »deinem« Plattenplatz umgehen (regelmäßig alte Daten löschen).
Du sollst dein Paßwort geheimhalten und regelmäßig ändern (Stichwort: Sicherheit).
Du sollst den Server nicht für interaktives Arbeiten benützen.
Du sollst verantwortlich mit dem Netzzugang umgehen.
Du sollst NUR den Monitor ausschalten.

In Uganda gibt es eine christlich inspirierte Rebellengruppe (»Gottes Widerstandsarmee«), die das Land nach dem Muster des Dekalogs umgestalten will und dazu Schwert und Maschinengewehr einsetzt. Hunderte sind den frommen Mordbrennern schon zum Opfer gefallen. Der Dekalog lebt da – so könnte man sagen – als ein moralisches Konkurrenzprodukt zur Sharia auf. Einen solchen Rückgriff in die durch Aufklärung und Liberalismus überwundene Fremdbestimmung kann kein vernünftiger Mensch wollen. Das autonome moralische Selbst nur kann sich des Dekalogs erinnern, ihn erwägen, verwerfen oder akzeptieren. Aber der Dekalog kann kein Ordnungskonzept sein – das würde repressive Gottesstaatsideen heraufbeschwören. (Als fundamentalistisches Staatsprinzip ist er ja nie gedacht gewesen.) Auch die *Quintessenz des Menschenanstandes* kann man nicht aus dem Dekalog herausquetschen. Es fehlt zuviel, und die moderne Gemengelage findet keinen Widerhall in diesem ethischen Faustkeil.

Was kann man mit den Zehn Geboten noch beginnen? Können sie uns in das 21. Jahrhundert geleiten?

Wir haben gesehen, daß die Zehn Gebote nicht ohne weiteres einen überzeitlichen Kern aus sich heraussetzen: Der Dekalog spricht ursprünglich in überschaubare, einfache Lebensverhältnisse, die mit unseren nicht vergleichbar sind.

Wir haben auch gesehen, daß sich der modernen moralischen Person nicht einfach ein Fremdgebot überstülpen läßt. Die Geschichte der Befreiung des modernen Menschen will nicht in einem Gebotsfundamentalismus enden.

Wir haben schließlich gesehen, daß der Dekalog Fragen anstößt, aber zu unseren komplizierten Gegenwartsproblemen schweigt. Der Dekalog trifft ins Zentrum, aber dort läßt er uns im Stich. Er veranlaßt uns allerdings, selber weiterzudenken. »Kein pünctlin geht uns an ym Moose« (das Gesetz des Moses hat für den Christen keinerlei Bedeutung), sagt der radikale Martin Luther – hat doch das Evangelium das Gesetz abgelöst. Der gesetzte Luther freilich baut den Dekalog in die Christenlehre ein, bewahrt aber die Erinnerung daran, daß – wie er sagt – der Christ fähig ist, neue Dekaloge zu machen. Zwischen dem geforderten Respekt vor der Autorität der Gebotstafeln und der notwendigen Respektlosigkeit gilt es, einen Weg zu finden. Eine Respektlosigkeit, die sich nicht scheut zu fragen: Taugt ihr noch, ihr Zehn Gebote? Überzeugt ihr noch? Trefft ihr in unsere Wirklichkeit? Oder müssen wir uns einen neuen Dekalog ausdenken?

Schauen wir die alten Gebote (in Anlehnung an die Übersetzung von Frank Crüsemann) an, und versuchen wir zu benennen, in welche Felder gegenwärtiger Dramen, Ängste, Hoffnungen die Gebote treffen:

1. Über die Sinnfrage

Ich bin der Herr, dein Gott. Du sollst keine anderen Götter haben neben mir: Erwarten wir noch *Sinn* in unserem Leben und in der Geschichte? Und wenn sich der Sinn uns entzieht, bleibt uns dann zumindest die Sehnsucht nach Sinn, eine Sehnsucht, die vielleicht früher »Glauben« genannt wurde?

Mindestens 3000 Jahre lang waren moralische Gebote Teil der Vernunft, und ein vernunftgemäßes Leben war eins, das geradezu selbstverständlich als sinnhaft und moralisch gedacht wurde. Kein ernsthafter Mensch hat im Mittelalter die Existenz Gottes und damit die Realität des Summum bonum bestritten. Daß es »das Gute« auch außerhalb des menschlichen Denkens gibt und daß es Grundlage von Gesellschaft und Staat ist, wurde nicht ernsthaft angezweifelt. Mit der allmählichen Zerstörung des Gottesglaubens, mit der philosophischen Zersetzung des Summum bonum hört indes die Moral auf, quasi natürliche Denkvoraussetzung des Menschen zu sein. Wird Moral also eine Konstruktionsaufgabe des Menschen? Ein empirisches Problem? Ist Moral der Querschnitt aus den vorhandenen moralischen Meinungen? Oder ist Moral so alt wie das Jahrtausend und so am Ende? So wie wir die Dampfmaschine nicht mehr brauchen, hatte auch »Moral« ausgedient: Können nicht alle moralischen Probleme in technische Lösungen umformuliert werden? Von Gott können bei uns immer weniger Menschen sprechen oder von ihm etwas erwarten. In diesem Buch wird davon ausgegangen, daß die Sehnsucht nach Sinn zum Menschen gehört. (Was nicht heißt, daß diese Sehnsucht nicht auch verschwinden kann.) Das ist ein Axiom, ein Glaubensakt geradezu. Er nimmt die Stelle ein, an der einmal der Gottesglaube gestanden hat. Mit was diese Sehnsucht nach Sinn gefüllt ist, muß jeder für sich entscheiden. Daß die Liebe zum Nächsten und der Respekt vor anderen Lebewesen dazu gehört – davon wird hier ausgegangen. Und damit schließt die Sehnsucht nach Sinn auch notwendig moralische Fragen ein. Wo die Sehnsucht nach Sinn zur Selbstverwirklichungsfrage verkommt, da ist sie schon aufgegeben.

2. Über die Beherrschung der Zukunft

Du sollst dir kein Bild machen: Der Blick auf den Nächsten und der Blick in die Zukunft verlocken dazu, durch Vorurteile, Festschreibungen und Projektemacherei den glühenden Lavastrom des Lebens in feste Bahnen zu lenken und erkalten zu lassen. *Planungswahn und Sicherheitsbesessenheit* vernichten das Lebendige: Der Blick in die *Zukunft* darf nicht dazu dienen, die Offenheit der Zukunft zu verschließen, sonst führt der Weg nicht in die Zukunft, sondern in die nekrophilen Lebensverhältnisse, weil dann das Tote herrscht. Diejenigen, die jetzt leben, dürfen die Zukunft der Nachkommen nicht so festlegen, daß die nicht andere Wege gehen können als ihre Vorfahren. Wir leben heute in einer Situation, in der einerseits die großen Ideologien, die Systemzwänge, wie sie der Faschismus und der Stalinismus hervorgebracht haben, glücklicherweise chancenlos geworden sein dürften. Ideologische Zwangsapparate sind einer geradezu polytheistischen Vielfalt gewichen, in der jeder denken darf, was er/sie will. Freiheit ohne Ende? Hoffentlich. Was die zeitgenössische Unübersichtlichkeit aus sich heraussetzt, wird man sehen. Eine experimentelle Atmosphäre also, die ungeahnte Möglichkeiten, aber auch unbegriffene Zwänge zutage fördern kann. Das Pathos, mit dem heute Deregulierungen betrieben, Blockaden geächtet und Innovationen gefeiert werden in Ehren. Vieles davon ist fällig. Aber Deregulierung rechtfertigt sich nur, wenn sie etwas anderes anvisiert als das sattsam bekannte Recht des Stärkeren.

3. Über das Unterlassen

Du sollst den Namen Jahwes, deines Gottes, nicht zu trügerischen Zwecken aussprechen:

Schweigen und Stille sind die starken Möglichkeiten, mit dem der Trend zur Oberflächlichkeit, zur Zerstörung und zum Ruin des Individuums zu konterkarieren sein könnte. Unter Berufung auf Gott haben die Menschen immer wieder ihre individuellen Zwecke durchgesetzt: Verweltlicht kehrt dieser Mißbrauch des Namens Gottes heute darin wieder, daß unter Berufung auf das angebliche Wohl der Menschheit alle möglichen wissenschaftlichen, politischen und ökonomischen Schandtaten in Szene gesetzt werden. Was sich heute als *Life-science* konstituiert, beruft sich ständig auf die Ausrottung von Krankheit, Armut und Hunger, um unter diesem Deckmantel die Kolonisierung und Beherrschung von Mensch und Natur voranzutreiben. Fakt aber ist: Noch nie gab es so viele Menschen, die hungerten, krank sind und unter elenden Bedingungen existierten wie heute. In 70 Ländern mit fast einer Milliarde Menschen ist das Konsumniveau heute niedriger als vor 25 Jahren, resümiert der UNO-Report 1998 über die menschliche Entwicklung.

4. Über die Selbstbegrenzung der Menschen

Du sollst den Sabbat heiligen: Das, was früher Schöpfung Gottes hieß, ist zum globalen Projekt des Menschen geworden. Die Verantwortung des Menschen für den blauen Planeten zwingt ihm die Frage nach den Grenzen seines

Tuns auf: Muß alles, was machbar ist, auch gemacht werden? Von der Notwendigkeit der *Selbstbegrenzung* ist zu reden, ebenso wie von der Krise der Arbeitsgesellschaft. Gott, der am siebten Tage ruht, ruht nicht, weil er erschöpft ist, sondern, weil er sein Werk betrachtet. Das Sabbatgebot lenkt den Blick auf die hinter uns liegenden Taten. Das Sabbatgebot hat der Natur, den Äckern und Nutztieren zum Beispiel das Recht auf Muße zugestanden. Die Tugend des Unterlassens ist die Tugend des Sabbats. Der Sabbat wäre das Datum, an dem sich die Innovationsgesellschaft die Zeit nimmt, in den Spiegel zu schauen.

5. Über die Beziehung zwischen den Generationen
Ehre deinen Vater und deine Mutter: Der *Generationenvertrag* ist in eine nicht nur ökonomische und nicht nur lokale tiefe Krise geraten und muß neu bedacht werden. Wird Gesellschaft zur Schlacht um die Torte, bei der die Jungen und die Alten nur noch darüber streiten, wer das größere Stück vom Kuchen bekommt? Die strukturelle Frage wird von der persönlichen Frage begleitet: Wie gehe ich eigentlich damit um, wenn mein Vater oder meine Mutter pflegebedürftig werden? Was ist meine Pflicht?

6. Über die Grenzen des Lebens
Du sollst nicht töten: Die Frage nach den *Grenzen des Lebens,* das zu einem medizinischen Projekt zu werden im Begriffe ist, drängt aus der medizinischen Enklave ins Zentrum der Gesellschaft. Von der Reproduktionsmedizin bis zur heimlich geführten Debatte über Euthanasie reicht die Thematik, vor allem, weil medizinisch-biologische Fortschritte (Klonen, Gentechnik, Keimbahntherapie, Transplantationsmedizin, um nur einige Reizwörter zu nennen) mit dem Verweis auf Leben, das zu schützen und zu retten sei, vorangetrieben werden.

Man kann das Tötungsverbot als das heimliche Zentrum des Dekalogs begreifen – jedenfalls für uns heute. Am Ende eines Jahrhunderts der Katastrophen – der Genozide, der Bürgerkriege und der Lager – richtet sich ein banger Blick auf das kommende Jahrhundert. Wird es die Barbareien wiederholen und überbieten? Und aus welcher Richtung droht Gefahr? Werden sich die nuklearen Newcomer bei lächerlichen Grenzkonflikten irgendwann mit Atombomben bekriegen? (1998 waren Pakistan und Indien an der Schwelle eines Nuklearkrieges.) Werden religiöse und ethnische Fundamentalisten zunehmend mit Waffengewalt ihre Einflußsphären ausweiten? (Die Region Exjugoslawien und der Sudan sind zwei einschlägige Beispiele.) Oder wird das kommende Jahrhundert vor allem den kriegerischen Konflikt um die wichtigste Ressource – das Wasser – zu bewältigen haben?

7. Über die Treue zum anderen

Du sollst nicht ehebrechen: Die Frage nach den Beziehungen zwischen den Menschen, nach der *Krise der Familie,* nach der Treue bewegt die Menschen. In welchen Lebensformen werden die Menschen künftig leben, nachdem die alten Modelle erschöpft zu sein scheinen? Wird die Krise der Kleinfamilie überwunden durch eine multilokale Mehrgenerationenfamilie, die ihren Zusammenhalt durch elektronische Kommunikation und Mobilität aufrechterhält? Treten Freundschaftsbande an die Stelle der Blutsbande? Luther hat ja dieses Gebot, das eigentlich »Unzucht« untersagt, durch seine Übersetzung erst deutlich auf die Familie zugespitzt. Kann das noch gelten? Schlagen Ehe/Familie einerseits und Sexualität andererseits getrennte Wege ein?

8. Über den globalen Markt

Du sollst nicht stehlen: Was heißt Eigentum in einer weltumfassenden Marktgesellschaft? Was bedeutet es, daß die Kluft zwischen Reich und Arm mit jedem Tag tiefer wird – weltweit und in der deutschen Gesellschaft? In Deutschland befinden sich 85 % aller Produktionsmittel in der Hand von 15 % – das sind Personen, die zum großen Teil als Erben zu ihrem Vermögen gekommen sind. In welcher Spannung steht dieser Tatbestand zur Ideologie der Wettbewerbsgesellschaft, die unterstellt, daß jeder seines Glückes Schmied sei? 225 Personen auf der Welt verfügen über ein Gesamtvermögen von 1 000 Milliarden Dollar – das entspricht dem jährlichen Einkommen von 47 % der Weltbevölkerung, das sind 2,5 Milliarden Menschen.

9. Über die Informationsgesellschaft

Du sollst nicht als Lügenzeuge gegen deinen Nächsten aussagen: Ist die Informationsgesellschaft notwendig eine Lügengesellschaft? Bringt die Virtualisierung und Entkörperlichung der Welt die Wahrheit zum Verschwinden? In welcher Weise werfen traditionelle und moderne Medien neue moralische Fragen auf? Zum Beispiel die nach geistigem Eigentum – wird das Plagiat zum Normalfall, ist das Copyright überholt? Sowie die nach der Diskriminierung von Personen, die im allgemeinen nicht die finanziellen und rechtlichen Möglichkeiten haben, sich der Macht eines Medienkonzerns zu widersetzen?

10. Über den Besitz

Du sollst nicht begehren das Haus deines Nächsten: Alle großen Kulturen und Religionen haben gewußt, daß der Besitz die Menschen um ihr Glück zu bringen droht, daß ihre Seele vom Mammon zerquetscht wird. Die Heiligen und Asketen haben immer davon geredet, daß das Himmelreich den Armen und nicht den Reichen zugedacht ist. Was heißt das jetzt?

In den kommenden Kapiteln wird versucht, der Vorgabe, die das Moses-Gesetz gemacht hat, treu zu folgen und dennoch den Rahmen der Interpretation so weit zu spannen, daß die Triftigkeit der Gebote für unsere Zeit und für die absehbare Zukunft deutlich wird. Eingerahmt ist diese Aktualisierung des Dekalogs von dem Versuch, über die bisherige und die künftige Bedeutung des Dekalogs insgesamt etwas zu sagen.

Diejenigen, die einmal Firmungs- oder Konfirmandenunterricht genossen haben, kennen im allgemeinen den Katalog der Zehn Gebote, meistens in der Lutherschen Version. Tatsächlich aber sind die Tafeln des Mose traditionell recht unterschiedlich beschriftet. In der hebräischen Bibel wird über das Sinaiereignis zweimal berichtet (2. Buch Moses 19 und 20 und 5. Buch Moses 4 und 5). Dabei weichen die Gebote etwas voneinander ab, und daraus hat sich eine unterschiedliche Tradition in der jüdischen und der christlichen Rezeption des Dekalogs ergeben. Wir haben hier eine Mischform gewählt, bei der die Redundanz beseitigt ist, die die christliche Variante mit sich bringt, bei der das neunte und das zehnte Gebot sich eigentlich nicht unterscheiden. Wahrscheinlich haben die biblischen Belegstellen eine Abrundung erfahren, um auf die heilige Zahl zehn zu kommen. Die umfangreiche Debatte über die Formgeschichte des Dekalogs in der hebräischen Bibel wird hier nicht aufgenommen. Verweisen die negativen Kerngebote (»Du sollst nicht stehlen!«) auf eine ältere Form eines apodiktischen Rechts, bei dem der Katalog der Gebote durch dieses »Du sollst nicht ...« geformt war? Hatte die Verkündigung dieses Rechts einen kultischen Ort? Die Bibel kennt ein Ritual, bei dem von den Bergen Garizim und Ebal das Volk von Priestern gesegnet und verflucht wurde: Die beiden Berge liegen einander gegenüber, der eine ist unfruchtbar und kahl, der andere grün und lieblich. So kam der Fluch vom nackten

Berg, der Segen vom bewaldeten Berg. In einen ähnlichen Zusammenhang könnte auch einmal das »Du sollst nicht!« gehört haben. Die biblische Tradition berichtet, daß die Tafeln des Moses in der Bundeslade gelegen haben. Wenn sie darin gelegen haben, dann schließt sich sogleich die Frage an, woher sie kamen und wie sie entstanden sind: Dies alles lassen wir hier beiseite. Das sind eher Fragen der Archäologie oder der Theologiegeschichte, die in diesem Zusammenhang nebensächlich sind.

Wenn du ich wärst, lieber Gott . . .

In ihrem 1995 erschienenen Album *Opium fürs Volk* besingen **DIE TOTEN HOSEN** die Zehn Gebote:

Einmal hat Gott der Welt erklärt: Nur ich bin allein
der Herr!
Ich dulde keine Götter neben mir
du sollst immer nur mich verehren
sprich meinen Namen nicht unnütz aus
quäl dich sechs Tage, bleib am siebten zu Haus
ich schuf den Himmel und die Erde und auch das Meer
einmal in der Woche dankst du mir dafür
ehre deine Eltern, damit du lange lebst
in diesem Land, das der Herr dir gibt

Du sollst nicht töten und du sollst nicht stehlen
und du sollst in der Ehe nicht fremdgehen
du sollst nicht lügen und nichts Falsches erzählen
ein ehrliches, redliches Leben wählen
das Haus und die Frau deines Nächsten nicht begehren
und nichts von dem, was deinem Nächsten gehört

Wenn ich du wär, lieber Gott
und wenn du ich wärst, lieber Gott
glaubst du, ich wäre auch so streng mit dir
wenn ich du wär, lieber Gott
und wenn du ich wärst, lieber Gott
würdest du die Gebote befolgen, nur wegen mir

Es klingt in diesem Lied nach, daß der Dekalog immer mehr zur Kinderlehre geworden ist – was er ursprünglich ganz sicher nicht ist. Der Kommentar der Toten Hosen zielt direkt ins Herz des Dekalogs: Wieso beanspruchen sie Gültigkeit? Die Nichtigkeit unbefragter Autorität – auf die Ebene der Popmusik gebracht.

DIE GESCHICHTE

RAUCH UND DONNER AM SINAI

Moses, die Gebotstafeln und die Folgen

Aber verschwindet heute in der technisch-wissenschaftlichen Zivilisation nicht in Wirklichkeit der Spielraum der Freiheit? Zwar gibt es nach wie vor individuelles Handeln, aber es ist so sehr in komplexe Systeme verwoben, daß zumeist ganz andere als die beabsichtigten Wirkungen daraus hervorgehen. Das war zwar schon immer so, aber heute wissen wir mehr darüber und haben die Unschuld des Nichtwissens verloren. Jedenfalls fragt man sich angesichts der Dynamik der technisch-wissenschaftlichen Zivilisation, was denn die Freiheit noch ausrichten kann und ob inzwischen die Logik der Sachen gesiegt hat und man dabei ist, »von der eigenen Zivilisation verbrannt zu werden«, wie das Arnold Gehlen formuliert hat.

Rüdiger Safranski

REVOLTE GEGEN DEN DEKALOG

An der Fassade des Landgerichtsgebäudes in Bremen, das im 19. Jahrhundert erbaut wurde, prangten über dem Eingangsportal auf zehn Tafeln die Zehn Gebote. 1936 haben die Nationalsozialisten die Tafeln entfernen lassen: Auch nach Jahrtausenden können die Gebote offenbar noch zur Provokation werden. Das spricht für ihre Kraft. Und die Nationalsozialisten haben sich gewiß nicht nur am religiösen Rahmen des Dekalogs gestört, der ihrem Führerkult Konkurrenz machte. Sie haben sich nicht nur an der jüdischen Herkunft der Zehn Gebote gerieben. Sie haben geradewegs an den mosaischen Alltagsregeln Anstoß genommen: Sie wollten töten, stehlen, lügen und die Beziehungen zwischen Eltern und Kindern auflösen. Der Schriftsteller Joseph Roth hat gesagt: »Weil man die Zehn Gebote nicht abschaffen kann, rächen sich die Nazis so furchtbar an den Juden. Denn so lange die Zehn Gebote nicht aus dem Gedächtnis der Menschen ausgetilgt sind, kann nicht einmal ein Nazi eine Bestie sein, ohne wenigstens ein schlechtes Gewissen zu haben.«

Der Nationalsozialismus war eine *Revolte gegen die Zehn Gebote* – schreibt der jüdische Gelehrte Schalom Ben-Chorin. Die Bibel berichtet, daß die Zehn Gebote schon im Augenblick ihrer Entstehung mit einer Revolte konfrontiert waren. Moses, der von dem Berge Sinai herabsteigt, die beiden Gesetzestafeln in der Hand, entdeckt das Volk Israel beim Tanz um das Goldene Kalb. Während Moses auf dem Sinai war, hatten die Menschen Aaron gedrängt: »Auf, mache uns einen Gott, der vor uns herziehe!« Aaron hatte den Goldschmuck der Menschen, die am Fuße des Sinai auf Moses warteten, eingefordert (»Da rissen sich alle Leute die goldenen Ringe ab«) und daraus ein goldenes Kalb geformt. Und nun hieß es: »Das ist dein Gott, Israel, der dich aus dem Lande Ägypten herausge-

führt hat.« In ekstatischen Tänzen verneigt sich das Volk vor dem Götzen – während oben auf dem Berg Rauch aufsteigt, »weil der Herr im Feuer auf den Sinai herabgefahren war«. Unten der goldene Götze, während es oben donnert: »Du sollst dir keinen Götzen machen!«
Moses – so heißt es – warf die Tafeln beim Anblick des Goldenen Kalbs aus der Hand und zerschmetterte sie unten am Berg. Das Kalb aber nahm er, verbrannte es und zermalmte es zu Pulver, streute es aufs Wasser und gab es den Israeliten zu trinken.

DER MANN MOSES

Moses wird uns hier als ein Mann der Tat vorgestellt, der dem ungehorsamen Volk den zu Staub zermahlenen Götzen zum Fraß vorwirft, die Israeliten zwingt, sich den Götzen einzuverleiben, ihn zu verschlingen und so zu vernichten. Bei seiner Berufung, ganz am Anfang seiner religiösen Biographie, hatte Moses gesagt: »Ach Herr, ich bin kein beredter Mann; ich war es von jeher nicht und bin es auch jetzt nicht, schwerfällig ist mein Mund und meine Zunge.« Und geradezu frech-aufsässig hinzugefügt: »Sende doch, wen du senden willst.« Gott gibt nicht nach – auch jetzt nicht, als Moses die Tafeln zerschmettert. »Haue dir zwei steinerne Tafeln, wie die ersten waren, dann will ich auf die Tafeln die Worte schreiben, die auf den ersten Tafeln standen, welche du zerschmettert hast.«

Das 20. Jahrhundert, das der Historiker Eric Hobsbawm das Jahrhundert der Extreme genannt hat, kann auch beschrieben werden als das Jahrhundert des Aufstands gegen die Zehn Gebote. Die Kette der Kriege, die nationalsozialistischen und stalinistischen Blutorgien, Hiroshima, My Lai, Pol Pot: Namen, Orte und vor allem Lager – Konzentrationslager, Gulags, stacheldrahtumzäunte Umerziehungsanstalten sind die Dreh- und Angelpunkte des endenden Jahrhunderts. Wie harmlos der götzendienerische Tanz um das Goldene Kalb – verglichen mit der systematischen Ermordung von Menschen, die sich im 20. Jahrhundert unter der Regie Hitlers, Stalins und anderer Despoten ins Millionenfache steigert. Keineswegs – so scheint es – beginnt am Sinai eine Geschichte der Humanisierung, die sich an den Stützpfeilern der Gebote entlangbewegt, sondern hebt eine Geschichte der Entfaltung barbarischer Möglichkeiten an, die den Dekalog *lächerlich* machen, weil er nie sich hat durchsetzen lassen, und die ihn zugleich *gültig* werden lassen, weil seine Bestimmungen im Rückblick auf dieses Jahrhundert so notwendig wie noch nie werden. Wenn nur – so könnte man sagen – der Dekalog das kommende Jahrhundert gestalten würde, dann wäre fast alles erreicht.

Was war zwischen dem Tanz um das Goldene Kalb und der Revolte des 20. Jahrhunderts gegen den Dekalog? Hat der Dekalog die Geschichte der Menschen in den Jahrtausenden dazwischen geprägt? War er vergessen? War er moralisches Ornament? War er der Knüppel, der den Barbareien bisweilen zwischen die voraneilenden Beine geworfen wurde? War er die systematisch übergangene Menschenrechtskonvention des christlichen Abendlandes?

Am Anfang eines solchen Rückblicks muß wohl die Frage nach der Person des Moses als dem Überbringer der Tafeln stehen.

Die historisch-kritische Forschung hat in einem sorgfältigen Aufdeckungsprozeß den Moses, der als Verfasser der Bücher Moses und als Religionsstifter des jüdischen Glaubens galt, ausgelöscht. Die Mosesgeschichten – so ließ sich zeigen – sind aus Märchenmotiven und Einzelgeschichten kombiniert, die erst sehr spät an die eine Person Moses angelagert wurden. Die Mosesgeschichten setzen schon mit einem klassischen Märchenmotiv ein: Moses ist das Kind, das im Weidenkorb ausgesetzt und von der Tochter des Pharaos aus dem Fluß gerettet wird. Ein Märchen, das auch von Ödipus und von Romulus und Remus erzählt wird. Allerdings führt die klassische Aussetzungssaga zur Herrschaft: Der ausgesetzte Held entpuppt sich als Königssohn und tritt seine Herrschaft an. Anders bei Moses: Der Zögling des Pharaos erschlägt einen Ägypter, er flieht in die Wüste, wo sich ihm Jahwe, der Gott Israels, offenbart. Das Mosesmärchen verläuft anders als bei Ödipus oder Romulus und Remus. Die Plagen kommen über den Pharao und die Ägypter, bis er das Volk Israel ziehen läßt – zu spät versucht der Pharao, seinen Entschluß rückgängig zu machen, seine Reiter werden von dem Meer, das sich für das Volk Israel geteilt hatte, verschlungen. Diese Mosesgeschichten hat die Kritik Stück für Stück aus ihren historischen Verankerungen gerissen und zu Produkten des Glaubens erklärt.

Die Moseskritik entwickelt sich bis zu dem Forschungsendpunkt, an dem die Figur des Moses ganz zur Fiktion wird. Die fünf Bücher Moses, der Pentateuch, sind – so das Resümee – ein spätes redaktionelles Produkt, den Auszug aus Ägypten soll es ebensowenig gegeben haben wie die Wanderung des Volkes durch die Wüste.

DIE SKELETTE VON MOSES, HOMER UND JESUS

Dem Moses ist es da ebenso ergangen wie es gleichzeitig Homer und Jesus von Nazareth erging – die Forschung hat seit dem 19. Jahrhundert daran gearbeitet, diese Figuren zu entfleischlichen. Die Kritik hat ihnen Wort um Wort entrissen – bis von Homer nicht mehr übrigblieb als jemand, der als eine Heftklammer in eine Reihe von Überlieferungen und Geschichten getrieben wurde. Und der Mann aus Nazareth, Jesus, wurde in gleicher Weise skelettiert: Kaum eine Tat, kaum ein Wort durfte noch als authentisch gelten. Das Neue Testament ist das Phantasieprodukt (freundlicher das Glaubensbekenntnis) der frühen Gemeinde, sagt die historisch-kritische Forschung.

Moses teilte das Schicksal von Homer und Jesus: Schon Spinoza hat 1670 in seinem *Theologisch-politischen Traktat* die mosaische Autorenschaft des Pentateuch (der fünf Bücher Mose) bestritten. Der Mann, der das Volk Israel aus der Knechtschaft geführt haben sollte, der das Volk Israel durch das Rote Meer geleitete, der Jahwe-Wolkensäule durch die Wüsten folgte und schließlich die Gesetzestexte aus der Hand Gottes am Sinai empfing, diese Figur wurde zu einer sagenhaften Gestalt, einer religiösen Erfindung.

Man kann sich darüber streiten, ob die Auflösung der Figur Mose durch die kritische Forschung oder ob die Interpretation Sigmund Freuds der finale Schlag war: Der hat nicht nur aus Moses einen Ägypter gemacht (wobei der Name »Moses« tatsächlich ägyptisch ist), sondern obendrein vermutet, daß Moses von den Israeliten ermordet worden ist: »Es ist eine ansprechende Vermutung, daß die Reue um den Mord an Moses den Antrieb zur Wunschphantasie vom Messias gab, der wiederkommen und seinem Volk die Erlösung und die Weltherrschaft bringen sollte.« Aus dem Ermordeten erst konnte der Religionsstifter werden.

Ob künftige Forschung dem Moses nicht doch wieder mehr Fleischlichkeit zurückgeben wird, sei dahingestellt. Daß der Mann auf dem Sinai, der Gottes Hand die Steine beschriften sieht, als ein religiöses Symbol zu begreifen ist, dürfte ohnehin postfundamentalistischer Konsens sein. Die Pentateuch-Schriften dürften womöglich noch später entstanden sein als bisher angenommen wurde: Der Heidelberger Alttestamentler Bernd J. Diebner vermutet mit gutem Grunde, daß vom zweiten und ersten Jahrhundert vor Christi Geburt die Rede sein müsse, wenn man die Verschriftlichung ins Auge faßt. Über die Väternomaden schreiben jüdische Theologen, entwerfen den Pentateuch, die längst selbst Schreibtischtheologen sind und die die Nomaden nur aus der Anschauung – wenn sie aus ihrem Fenster schauen – kennen. Aber nun reflektieren die im Pentateuch gesammelten Texte wohl auch ältere Traditionen, Erfahrungen, Regeln. Und dahinter wird dann vielleicht eine Gestalt »Moses« erkennbar, die sich nicht nur als literarisches Produkt begreifen läßt, sondern – ohne für uns direkt greifbar zu sein – doch eine religiöse Urgestalt ahnen läßt, die der jüdischen Theologie Anstoß und Richtung gegeben haben könnte.

Wir wissen also nicht wirklich wie alt der Dekalog ist. Wir wissen nicht, ob er ein Echo auf die Lebenswelt von Nomaden oder ein Schreibtischprodukt rabbinischer Gelehrter ist. Der Alttestamentler Frank Crüsemann meint, daß der Dekalog in die Welt der seßhaften und landbesitzenden Männer gehöre. Dort sei er religionsgeschichtlich betrachtet entstanden. Aber das ist eben auch sehr modern gedacht. Heute – da die Frage des Geschlechterverhältnisses auf der Tagesordnung der Themen an prominenter Stelle steht – sieht man im Dekalog die Männer sprechen. Das ist sicher nicht falsch. Aber eben doch auch sehr zeitgeistig.

DER DEKALOG UND DIE TUGENDEN

Viel aufregender als diese Einebnung des Dekalogs in modische Fragen mit Political-correctness-Charakter ist Martin Bubers Beobachtung. Was unterscheidet denn den Dekalog zum Beispiel von einer Menschenrechtskonvention? Die Zehn Gebote – so Buber – stehen nicht in einem personenfreien Kodex eines Menschenverbandes, sondern werden von einem Ich zu einem Du gesprochen.

»Mit dem Ich beginnen sie, und das Du wird in jedem persönlich angeredet.« Und darüber hinaus sind diese Gebote mit keiner Vollstreckungskraft ausgestattet. Das Wort des Dekalogs »erzwingt sich kein Gehör; wer sich mit diesem Du nicht anreden lassen will, kann anscheinend unbehelligt seinen Geschäften nachgehen«. Gott hat – so Martin Buber – seinem Willen nach offenbar keine Orden und keine Zuchthauszellen zu vergeben. Wer die Gebote verwirft, den trifft kein Blitzschlag, wer sie befolgt, der findet keinen verborgenen Schatz. (»Glaubt ihr nicht – so bleibt ihr nicht«, das ist – wie der Prophet Jesajas (7,9) sagt – die Konsequenz des Ungehorsams gegen Gott). Der Versuch, die Zehn Gebote aus der Religion in Moral zu überführen, formt sie aus der Imperativrede in die unpersönliche Sollsatzung. Gott verzichtet im Dekalog darauf, eine Relation zwischen dem, was einer anstellt, und dem, was einem widerfährt, herzustellen. Wenn aber aus dem »Ich« und »Du« eine entpersonalisierte juristische Regelung wird, dann gibt es auch Vollzugsorgane: Tribunal und Polizei, Kerkerwärter und Henker. Die Gesellschaft – so führt Buber aus – vermoralisiert die Zehn Gebote, beraubt sie des Ich und des Du. Dagegen ist solange nichts einzuwenden, solange die Gesellschaft ihre stimmlose Moral und ihr gesichtsloses Recht nicht mit derselben Aura ausstattet wie das Wort Gottes, das man – so wird dann gesagt – aus dem abergläubischen Drum und Dran herausgeschält habe. »Vielleicht wäre es dann für die Gesellschaft zu spät zu merken, daß es einen gibt, der es sich verbittet, von Bütteln und Henkern bedient zu werden.«

DER DEKALOG UND DER KOSMOS: DAS GESETZ NACH DER ZERSTÖRUNG DES TEMPELS

Im Jahre 66 nach der Zeitenwende brach in Judäa die offene Rebellion aus. Man weigerte sich, weiterhin Opfer für die Sicherheit des römischen Kaisers darzubringen. Titus, der Sohn des Kaisers Vespasian, belagerte Jerusalem mit vier Legionen. Im Jahr 70 fiel Jerusalem. Man zählte eine ungeheure Menge von Gefallenen, Hunderte jüdischer Gefangener wurden in den griechischen Städten Syriens und in Rom bei den Spielen niedergemetzelt.

Wer heute in Rom den Triumphbogen des Titus durchschreitet, sieht an der Innenseite den siebenarmigen Leuchter, der als ein Beutestück aus dem zerstörten Tempel in Jerusalem eingemeißelt ist, um den Sieg des Titus zu illustrieren. Der Aufstand endete im Jahr 73 mit der Einnahme von Masada, ein Blutbad folgte, von einem kollektiven Selbstmord wird berichtet.

Die politische Identität des jüdischen Volkes war zerstört, das Heiligtum dem Erdboden gleichgemacht. Für die Zukunft von ausschlaggebender Bedeutung war, daß der Rabbiner Johanan ben Zakkai aus dem belagerten Jerusalem fliehen konnte und die Erlaubnis bekam, in Jabneh an der Küste eine Schule zu gründen, um so die pharisäische Tradition der Diskussion, Interpretation und Gesetzesentwicklung fortzusetzen. Die Zerstörung der politischen Identität und das Ende der im Tempel materialisierten Religion löste eine neue religiöse Entwicklung aus. An die Stelle des Tempels mit seinen Opfern und Ritualen trat die theologische Reflexion. Während sich in der christlichen Religion in den kommenden Jahrtausenden eine sakrale Architektur entfalten wird, manifestiert sich die jüdische Theologie in den Wortkathedralen des Talmud, des Midrasch und der Kabbalah.

Solange der Tempel in Jerusalem stand, war er für die Juden der Nabel der Welt. Er war die irdische und himmlische Thronstatt der Gottheit. Das Heiligtum repräsentierte in seinen verschiedenen Teilen den Kosmos, und hier im Tempel flossen irdische und himmlische Teile ineinander. Die aus der griechischen Philosophie stammende Vorstellung, daß die Struktur des menschlichen Körpers – als Mikrokosmos – der Struktur des Makrokosmos entspricht, hat die jüdische Theologie geprägt. Der Körper als Mikrokosmos: Der Kopf zum Beispiel, der, in den Kosmos übersetzt, korrespondiert mit der Sonne. Deswegen ist für den antiken Menschen auch der Wirkungszusammenhang zwischen den Gestirnen und dem menschlichen Leben ganz selbstverständlich. (Erst bei uns ist er auf die Ebene des Horoskops heruntergekommen.)

Für die jüdische Theologie wurde die Korrelation zwischen Gott, Kosmos und Mensch zentral. Nach der Zerstörung des Tempels tritt die *Thora,* das Gesetz, an die Stelle des Tempels. Die Thora verbindet als Ordnung des Kosmos, als Sozialordnung und als Normensystem für das individuelle Leben alle drei Ebenen, sie ist der Schlüssel zum Verständnis des Kosmos, der geschichtlich-sozialen und der individuell-menschlichen Ebene.

Als der Tempel zerstört wurde, gab es für die jüdische Religion zwei Möglichkeiten: mit dem Tempel zu verschwinden oder durch einen Prozeß der Vergeistigung zukünftige Kräfte zu entfalten. An die Stelle des Tempels trat die Thora. Was vorher dem Tempel galt, gilt nun dem mosaischen Gesetz – alles kosmische Geschehen wird nun als thorabestimmt begriffen. Die Ordnung des Kosmos, die Sozialordnung und das Normensystem für das individuelle Leben sind miteinander verbunden, ebenso wie Gott, Kosmos und Mensch eine – fast könnte man sagen – leibliche Ebenbildlichkeit miteinander aufweisen.

Es ist außerordentlich wichtig, sich dieser spirituellen Bedeutung des mosaischen Gesetzes in der jüdischen Religion bewußt zu sein, weil das christliche Abendland ja das Judentum immer wieder als eine stumpfe kasuistisch versteinerte Gesetzesreligion gedeutet und mißverstanden hat.

DIE KIRCHENVÄTER: WOZU IST DER DEKALOG NÖTIG?

Die Geschichte der christlich-theologischen Debatte um das Gesetz und speziell um den Dekalog geht einen anderen Weg. Eine Schlüsselfigur für diesen Ansatz ist der jüdische Philosoph Philo von Alexandrien. Philo ist in etwa ein Zeitgenosse Jesu von Nazareth. Er ist ein hellenistisch gebildeter Mensch, der versuchte, griechische Philosophie und jüdische Theologie miteinander zu verbinden. In seiner Schrift *De decalogo* (Über den Dekalog) versucht Philo dementsprechend, antike Naturrechts- und Vernunftideen mit dem jüdischen Offenbarungsglauben zu verbinden. Philo vertritt die Auffassung, daß es ein der menschlichen Seele immanentes Unrechtsbewußtsein gibt, das gleichzeitig Ankläger und Richter sei. Damit tritt eine Spannung auf, die die künftige Wirkungsgeschichte des Dekalogs begleiten wird: Was soll der mit Blitz und Donner am Sinai geoffenbarte Dekalog eigentlich, wenn das natürliche Gerechtigkeitsempfinden jedem Menschen ohnehin sagt, was im Dekalog gefordert wird? Das Gebot: »Du sollst nicht töten!« entspricht – so Philo – den Ordnungen der Natur, denn der Mensch ist von Natur aus als ein geselliges Wesen geschaffen. Der Dekalog – so kann man sagen – wird zur göttlichen Offenbarung, weil er dem Naturrecht entspricht. Griechische Philosophie und jüdische Theologie treten nur deshalb nicht in Widerspruch, weil die Natur Bestandteil der göttlichen Schöpfung ist.

Philo ist der Meinung, daß die griechischen Philosophen das Alte Testament gekannt hätten. Tatsächlich gibt es eine eigentümliche Parallelität zwischen den »Gesetzen« des Plato und dem Gesetz des Moses. Es mag wahrscheinlicher sein, daß der Einfluß der antiken Philosophie (besonders Platos), in dieser Bezeichnung »Gesetz«, für die »Gesetze des Moses« einen Niederschlag findet. (Traditionell werden in der Forschung die griechisch-antike und die hebräisch-jüdische Entwicklungslinie so dargestellt, daß sie als voneinander unabhängig erscheinen, tatsächlich dürfte es mehr gegenseitige Beeinflussung gegeben haben, wie vor allem Bernd J. Diebner betont.)

Traditio legis (Gesetzesübergabe)
Christus steht auf einem Berg, von dem die vier Paradiesesflüsse ausgehen. Er überreicht die Gesetzestafeln des Moses an Petrus, der an seiner linken Seite steht und sie mit verhüllten Händen empfängt. So wurde in frühen christlichen Darstellungen Westeuropas der Zusammenhang zwischen Moses und Jesus hergestellt: Jesus ist der neue Moses. Die Darstellung der Übergabe entsteht in Anlehnung an profane Vorbilder: Der Kaiser überreichte traditionell das Diptychon einem Beamten zur Ernennung, das dieser mit verhüllten Händen empfängt. So kann man es z.B. auf Sarkophagen des 5. Jahrhunderts in Ravenna sehen. Bisweilen ist Christus dabei dem byzantinischen Herrschertyp nachgebildet. Man sieht, wie sich das Christentum römisch-antiker und jüdischer Motive bedient und sie in einen neuen Zusammenhang stellt.

Auf jeden Fall haben sich die Kirchenväter – also die frühen christlichen Schriftsteller – mit dieser von Philo schon aufgeworfenen Frage ständig auseinandergesetzt: Ist das, was der Dekalog sagt, in die Seelen der Menschen schon von Natur aus eingelagert? Und wozu bedarf es dann des Dekalogs? Konkreter gesagt: In welchem Verhältnis steht die antike Tugendlehre zum Dekalog? Fortitudo, der Mut, Justitia, die Gerechtigkeit, Temperantia, die Mäßigung und Prudentia, die Klugheit: Laufen die antiken Tugendforderungen und der Dekalog auf das gleiche hinaus?

Wenige Beispiele müssen hier genügen, um die zentralen Fragen der frühen christlichen Theologen zu skizzieren. Irenäus von Lyon, der aus Kleinasien stammt, setzt die Argumentation Philos fort: Die Kenntnis ethischer Maßstäbe ist den Menschen von Gott eingegeben. Diese natürlichen Gebote setzt Irenäus mit dem Dekalog in eins. Dabei bezieht sich Irenäus auf einen Text im Römerbrief des Apostels Paulus (2,14 ff.), der für die kommenden Zeiten so wichtig wird, daß er hier zitiert werden muß: »Denn wenn die Heiden, die das Gesetz nicht haben, doch von Natur des Gesetzes Werk tun, so sind sie, obwohl sie das Gesetz nicht haben, sich selbst ein Gesetz. Denn sie beweisen, daß des Gesetzes Werk in ihre Herzen geschrieben ist, da ja ihr Gewissen es ihnen bezeugt.« Auch der streitbare Tertullian beantwortet in seiner Schrift »Vom Kranze des Soldaten« die Frage nach der ethischen Befindlichkeit des Menschen so: Das göttliche Gesetz ist auf »natürlichen Tafeln« in die Menschen eingeschrieben.

Clemens von Alexandrien, Origines – sie alle folgen diesem Grundgedanken, daß das Naturgesetz und das offenbarte Gesetz beide von Gott gegeben sind. Der Dekalog ist – so meinen sie – der Inbegriff des natürlichen Rechts.

Dann aber drängt sich die Frage auf, weshalb die Offenbarung des Dekalogs auf dem Sinai an Moses notwendig war? Wenn die Menschen wissen, was Gut und Böse ist, was sollen dann die Tafeln?

Die göttliche Schöpfung ist – so wird gesagt – an sich gut, da Gott nichts Schlechtes schaffen kann. Diesen Zustand der Schöpfung spiegelt das Paradies. Durch den Sündenfall aber wird die Schöpfung verdorben. Mit der Vertreibung aus dem Paradies verliert der Mensch die Fähigkeit, die natürliche Gerechtigkeit zu erkennen und nach ihr zu leben. Das Naturgesetz ist grundsätzlich im Menschen angelegt, aber seine Kenntnis ist durch die Sünde verschüttet. Der Dekalog ist *die Erinnerung* des im menschlichen Bewußtsein verschütteten paradiesischen Urstandsgesetzes.

Für die Kirchenväter war dieses Unheilsgeschehen – der Fall Adam und Eva – handgreiflich und real. Auch wenn das für uns so nicht mehr gilt, können wir dennoch diesen Gedanken nachvollziehen, den die Sündenfallgeschichte zum Ausdruck bringt: Daß die Menschen eigentlich wissen, was von ihnen verlangt ist. Daß die Menschen trotzdem morden, stehlen, Unzucht treiben, lügen – dieses kann nicht die Überzeugung zerstören, daß sie damit unrecht tun. Diese Spannung zwischen Unrechtsbewußtsein und alltäglicher Gewalt fassen die Kirchenväter in die Geschichte vom Paradies, vom Sündenfall und von der Offenbarung der Zehn Gebote, die die verschüttete Erinnerung an das, was Recht ist, wieder wecken soll.

Bei Augustin, dem größten Theologen der Alten Kirche, wird noch einmal klar, was die Bedeutung des Mosesgesetzes ist. Augustin war ein griechisch-römisch gebildeter Mann, der als Bischof in einer kleinen nordafrikanischen Stadt gelebt und gewirkt hat. Bei Augustin ist der Einfluß griechisch-antiker Naturrechtsgedanken sehr deutlich. Die ursprüngliche göttliche Ordnung geht durch den Sündenfall verloren, sie wird durch Christus wiederhergestellt. Der Dekalog nimmt eine Stellung dazwischen ein: Er ist die geoffenbarte Erinnerung in der Zwischenzeit – nach dem Sündenfall – bis zur Geburt, zum Tod und zur

Auferstehung Christi. Nach dem Werk Christi ist das mosaische Gesetz nur noch nach dem Geiste, nicht mehr nach dem Buchstaben zu verstehen. (So lautet die Formel: Dabei ist das jüdische Gesetzesverständnis ja vielfach in kosmologische Interpretationen eingebettet und geht nicht auf in der ihr unterstellten religiösen Bürokratie.)

Das Hochmittelalter mit seiner Reihe großer scholastischer Gelehrter – genannt seien nur Hugo von Sankt Viktor, Anselm von Canterbury, Abaelard und Petrus Lombardus – greift einen weiteren Aspekt auf. Die Regula aurea, die goldene Regel, wird in die Moraldebatte einbezogen. Diese Regel lautet bekanntlich: »Was du nicht willst, daß man dir tu, das füg' auch keinem andern zu.« Heute hat diese Regel einen utilitaristischen Zug bekommen, der die Moralfragen in eine Balance der Nützlichkeit eingehen läßt. Sicher hat die goldene Regel im mittelalterlichen Kontext einen ganz anderen Klang: In einer Welt, in der die kosmischen Proportionen wichtig sind, erinnert die Regula aurea an die verlorengegangene heile Schöpfung. Sie ist nicht – wie heute – die kalte Regel der ausgeglichenen Bilanz in den Beziehungen zwischen den Menschen, sondern sie führt vor Augen, daß die Ordnung der Schöpfung verletzt wird, wenn sich die Menschen nicht an die Regula aurea halten. Ihre geschäftsmäßige Kälte bekommt die Regel erst, wenn sie aus ihrem kosmischen Zusammenhang gelöst wird. Dann gilt, was Arthur Schopenhauer gesagt hat: Eine Moral, die auf ihren Nutzen schaut, ist keine.

In dieser Zeit setzt sich – zum Beispiel bei Bonaventura – auch eine Klassifizierung der Zehn Gebote durch: Auf der einen Tafel sind die Gebote geschrieben, die gegenüber Gott gelten (das Fremdgötterverbot, das Verbot des Mißbrauchs des göttlichen Namens und das Sabbatgebot), während die zweite Tafel die Gebote faßt, die dem Umgang mit dem Nächsten gelten.

In der Hochscholastik wird der Dekalog allmählich zu einem Programm des überzeitlichen und übergreifenden Rechts. Das Vernunftrecht wird – in deutlichem Anschluß an Aristoteles – als etwas dem Menschen eingegebenes begriffen, der Dekalog ist diesem Vernunftgesetz ergänzend hinzugefügt. Will sagen: Die Scholastik relativiert die Bedeutung der Zehn Gebote.

So wie Augustin im 5. Jahrhundert die frühchristliche Tradition zusammenfaßt, so gipfelt die Scholastik im Werk des Thomas von Aquin. Er macht Aristoteles zur Grundlage seiner rechtsphilosophischen Überlegungen und rückt damit den Dekalog in ein verändertes Licht. Die Gebote des Dekalogs sind so gegeben, daß sie der Geist des Menschen bereitwillig annimmt, weil die Vernunft um so eher etwas akzeptiert, je vernunftwidriger sein Gegenteil ist (so formuliert es Jörg Mielke). Die erste Tafel der Gebote gehört zur Lex divina (zum göttlichen Recht), während die zweite zum Naturgesetz gehört. Der Mensch unterscheidet sich vom Tier dadurch, daß er nicht nur im Tun und Erleiden, sondern durch verstandesgemäße Erkenntnis Anteil am ewigen Gesetz hat. Es gibt Sittengebote, die derart einleuchtend sind, daß sie keiner Bekanntgabe bedürfen. Es gibt andere Sittengebote, welche der Erläuterung durch die Weisen bedürfen. Die Offenbarung am Sinai geschieht, um der Schwäche der menschlichen Vernunft zu Hilfe zu kommen. Thomas geht von einer menschlichen Doppelnatur aus, die einerseits vernünftig, andererseits jedoch durch die Sünde verdorben ist.

Aber Thomas, der berühmte Lehrer aus dem 13. Jahrhundert, relativiert im weiteren Verlauf seiner Überlegungen die radikalen Bestimmungen des Dekalogs. Man muß sich dazu in Erinnerung rufen, daß schon längst die Auseinandersetzung zwischen Staat und Kirche, zwischen Kaiser und Papst, um die Macht entbrannt war. Der Dekalog und das Liebesgebot waren der Machtkirche unverklausuliert und unrelativiert nicht erträglich. Der Staat hatte – nach Auffassung der Kirchenlehrer – Gerechtigkeit unter der Leitung der Kirche auszuüben. Und das konnte für den Staat und auch für die Kirche zum Beispiel bedeuten, daß das Tötungsverbot, der Ehebruch und die Wegnahme von Besitz nicht uneingeschränkt gelten durften. Thomas entwickelt ein relatives Naturrecht: Naturgesetzliche Grundbestimmungen können – wenn es notwendig ist – auch durchbrochen werden – zumal, wenn es um die Ahndung menschlicher Sünde geht: Man ahnt, daß hier auch die Inquisition mitspricht, die ja nun massenhaft das Tötungsverbot gebrochen hat. Zwar – so Thomas – sind die Gerechtigkeitsforderungen des Dekalogs unabänderlich. Im Einzelfall muß aber geklärt werden, ob dies oder jenes Diebstahl, Mord, Ehebruch sei oder nicht. Dies geschieht bisweilen durch Gott, aber dort, wo die Dinge der menschlichen Rechtsgewalt überlassen seien, auch durch den Menschen. Denn in diesen Angelegenheiten vertritt der Mensch die Stelle Gottes – so resümiert Jörg Mielke.

Dieser Versuch, die Radikalität des Dekalogs mit den diffizilen Lagen des Alltags zu vereinbaren, führt in der Zeit nach Thomas zu einer immer weitergehenden Zerfaserung der Aussagen der mosaischen Gesetzestafeln. Wann kann ein Mensch von den Geboten des Dekalogs entbunden werden? Die theologische Raffinesse bedient sich der Bibel: Man überführt Gott der Übertretung seiner eigenen Gebote. Hat nicht Gott selbst Abraham befohlen, seinen Sohn Isaak zu töten? Hat Gott nicht dem Propheten Hosea geboten, eine Prostituierte zu ehelichen? Hat nicht Gott das Volk Israel aufgefordert, bei seinem Auszug aus Ägypten Silber und Gold als Beute mitzunehmen? Für diese Gebote hat sich – wie man sieht – Gott selbst Dispens erteilt. *Thomas von Aquin und seine Nachdenker liefern – mehr oder weniger unfreiwillig – den Nachweis, daß es ein konsequent am christlichen Glauben und an dem Dekalog orientiertes Natur- oder gar Vernunftrecht nicht geben kann.* Duns Scotus zieht daraus die Konsequenz und sagt: Weltliche Rechtsordnung kann dem Dekalog nicht entsprechen. Folglich müssen die Theologie – in die der Dekalog gehört – und die Rechtsphilosophie getrennt werden. Damit wird das weltliche Recht den kategorischen Vorgaben des Dekalogs entzogen.

Man muß sich darüber klarwerden, daß im Mittelalter eine einheitliche und umfassende Rechtsordnung überhaupt nicht vorhanden war. Der mediterrane Raum mit seinen römisch beeinflußten differenzierten Rechtsvorstellungen steht dem mittel- und nordeuropäischen Raum gegenüber, der durch eher bäuerliche nichtrömische Rechtsformen geprägt war. Über diese beiden Rechtslager legt sich allmählich das christliche Recht. Volksrechte, Stammesrechte, Gewohnheitsrechte des Nordens stehen dem juristisch durchgebildeten römischen Recht des Südens gegenüber. Der Dekalog hat in dem sich aus dieser Gemengelage herausbildenden mittelalterlichen Recht eine eher periphere Stellung. Da, wo der Dekalog auftaucht, ist man befaßt mit der Diskussion der Ausnahmeregelungen. Charakteristisch dafür ist das *Buch der zehen Gepot* des Marcus von Lindau, das im Jahr 1483 erschienen ist, also nach dem Ende des Mittelalters und im Anbruch der Neuzeit. Im Zentrum steht dort die Spannung zwischen Dekalog und sündhaftem Verhalten. Zum Tötungsverbot heißt es bei Marcus von Lindau, daß es nicht nur das leibliche Töten meine, sondern auch allen Schaden, den man einem Menschen mit Worten und Werken zufügen könne.

Der Gehörnte

Der älteste bekannte Zyklus mit Bildern aus der Geschichte des Moses ist uns in der Synagoge von Dura-Europos erhalten (245/56 n. Chr.). Seit dem 12. Jahrhundert finden sich erst monumentale Einzelplastiken des Moses. Die wohl berühmteste ist die Marmorfigur des sitzenden Moses für das Grabmal Julius' II. von Michelangelo. (Sie steht in San Pietro in Vincoli in Rom und stammt aus dem Jahre 1516.) Moses ist hier als eine mächtige, bärtige Gestalt mit zwei Hörnern auf der Stirn dargestellt. Diese beruhen auf einer mißverständlichen Übersetzung aus dem Urtext in die lateinische Bibel (die Vulgata). Dort wird das Strahlen des Antlitzes nach dem Gesetzesempfang mit »cornuta« übersetzt.

Bei Luther gewinnt der Dekalog neue Bedeutung und wandert hier als ein zentrales Stück in die Christenlehre ein: »Also lehren die Gebote den Menschen« – so schreibt er 1520 – »seine Krankheit erkennen, daß er sieht und empfindet, was er tun und nicht tun, lassen und nicht lassen kann und erkennt sich als einen Sünder und bösen Menschen.« Der Dekalog ist ein Spiegel, in dem der Mensch sich selbst erkennen kann. Dem muß aber der Glaube folgen, der die Arznei wider diese Krankheiten ist. Luther führt den Dekalog in die Kinderlehre ein – was in der Geschichte der Christenheit neu ist. Dort beginnt der Abstieg des Dekalogs, der ihn zu einem Stützpfeiler bürgerlichen Anstands verharmlost. Aus dem »Du«, mit dem Gott die Menschen anspricht, wird das »Du-Du-Du« der Lehrer und Eltern, die sich in das altehrwürdige Du einnisten.

Die Zehn Gebote haben 179 Wörter

»Der Satz von Pythagoras hatte 24 Wörter, das Gesetz von Archimedes 67, die Zehn Gebote 179 und die amerikanische Unabhängigkeitserklärung 300. Und die europäische Gesetzgebung, wo und wann man rauchen kann, hat 24 942 Wörter«, teilt der US-Konzern Philip Morris mit.

1. GEBOT

IST DER TEUFEL AUCH TOT?

Sinnfragen am Ende des Jahrhunderts

Man kann das Böse leugnen, aber nicht den Schmerz… Das ist der Fels des Atheismus. Das leiseste Zucken des Schmerzes, und rege es sich nur in einem Atom, macht einen Riß in der Schöpfung von oben bis unten.

Georg Büchner: Dantons Tod

Ich habe mich oft gefragt
Und keine Antwort gefunden
Woher das Sanfte und das Gute kommt.
Weiß es auch heute nicht.
Und muß nun gehn.

Gottfried Benn

Ich bin der Herr dein Gott, der dich aus Ägyptenland geführt hat, aus der Knechtschaft. Du sollst keine anderen Götter haben neben mir.

In einer großen Schule in Hessen setzen sich eines Abends einige Lehrer, Lehrerinnen und engagierte Erwachsene – Freunde der Schule – zusammen. Der Direktor resümiert die Situation. Die Schüler und Schülerinnen der 10. Klassen, die demnächst die Schule verlassen, werden fast ausnahmslos vor einer schwierigen Lage stehen: Kaum einer hat eine Lehrstelle gefunden. Auf jede vorhandene Lehrstelle kommen mehrere Bewerber.

Es ist immerhin ermutigend, daß die Lehrer und die Eltern dieser Entwicklung nicht apathisch gegenüberstehen. Was soll geschehen, was kann man tun? Absehbar ist, daß insbesondere die schwächeren Schüler in ein großes schwarzes Loch fallen. Die meisten von ihnen werden am Arbeitsleben überhaupt nie teilhaben, sie werden sich mit Sozialhilfe und Gelegenheitsarbeiten über Wasser halten. Man diskutiert, was geschehen kann. Einer, der bei der Bundesbahn beschäftigt ist, erzählt, daß eine große Lehrwerkstatt, in der bisher 130 Lehrlinge von einem Meister und zwei Gesellen ausgebildet wurden (Elektriker, Dreher usw.), im Rahmen von Rationalisierungs- und Verlagerungsmaßnahmen geschlossen wird. Sie steht nun leer. Mit einem minimalen Kostenaufwand könnten 130 Abgänger der Schule immerhin eine Lehre machen. Was dann wird, weiß ohnehin niemand.

Die Sorge der Pädagogen: Wer so aus der Schule herausfällt, wie es jetzt den Abgängern droht, stürzt vom Gerüst des Lebens, rutscht in einen unstrukturierten Gammelalltag, bei dem die Verwahrlosung vorprogrammiert ist. Aber warum soll man die Struktur eines Arbeitsalltags eigentlich künstlich aufrechterhalten, wenn das Leben doch ohnehin jenseits der klassischen Arbeitswelt erfahren werden wird?

Wir haben 300 Jahre in einer Lebenswelt existiert, in der Arbeit die zentrale Sinnressource der Menschen war. Männer wie Frauen haben ihr Leben eingebettet gesehen in die Angeln der Familie und der Arbeit. Wer nicht arbeiten wollte, war eigentlich ein Fall für die Psychiatrie oder für das Gefängnis, für das Männerwohnheim oder für den Arbeitsdienst. Nichts war unmoralischer als das Nichtstun. Natürlich war die Arbeit auch Lohnsklaverei und Schinderei. Aber sie war eben auch das Gehäuse, in dem man sich sicher fühlen konnte. Man war davon fest überzeugt, daß dem Arbeitsverweigerer das abendliche Bier schon gar nicht schmecken konnte, weil es nicht verdient war. Der wohlverdiente Feierabend war eben nur als einer genießbar, dem die Schufterei vorausgegangen war. Alles andere schien schal, faulig.

Wir beginnen heute erst zu ahnen, was es heißen könnte, daß eine wachsende Zahl besonders junger Menschen aus diesem alten Gehäuse der Sinnerfahrung verstoßen wird. Daß ihre Biographie abgekoppelt ist von dem, was bisher Orientierung verschafft hat.

Selbstverständlich können darin auch Chancen liegen. Warum eigentlich nicht ein Abschied von der Lohnsklaverei? Warum nicht ein neues Lebensgefühl, das dem Leistungsstreß und der Arbeitsbravheit adieu sagt? Schließlich gehört die Lohnsklaverei nicht genuin zum Menschen. Der mittelalterliche Bettler fand Arbeit ebensowenig notwendig wie der Aristokrat. Aristokrat und Bettler hatten ein Austauschverhältnis, bei dem der Reiche dem Armen Almosen zu geben hatte, um durch die Fürbitte des Armen und durch seine Mildtätigkeit einen Platz im Himmel zu erwerben. Und durch die zahllosen mittelalterlichen Darstellungen des Jüngsten Gerichtes zieht sich dementsprechend die Idee, daß es zuerst einmal die Armen sind, die im Schoße Abrahams sitzen werden, während es im Zug derer, die in den Rachen des Höllenfürsten wandern, von Aristokraten und Bischöfen, von Königen und Päpsten wimmelt.

Gerecht in unserem heutigen Sinne war diese Welt

sicher nicht. Aber die Idee, daß es die Arbeit sei, die das Leben der Menschen formiere, die war weit entfernt. Erst mit der beginnenden Industrialisierung setzte sich die Idee in den Menschen fest, daß Arbeit selig mache. *Gott und seine endliche Gerechtigkeit werden abgelöst von der innerweltlichen Sinnstiftung, die nun aus der Arbeit bezogen wird.* Gott wird durch die (Lohn-)Arbeit als das sinnstiftende und erlösende Prinzip ersetzt. Verglichen mit Gott war die Arbeit als Orientierungsrahmen der Menschen schon eine armselige dekadente Verflachung oder ein Betrug an den Menschen. Schließlich waren Massen von Menschen gezwungen, ihr Leben in 16-Stunden-Tagen und an Fließbändern zu konstituieren. Aber dieser Lebensfluchtpunkt wurde nun einmal in die Seelen der Menschen eingearbeitet, und sie haben daran geglaubt. Die Arbeitsdeserteure und Faulenzer waren aus der Sicht der von Arbeitstugenden Imprägnierten arme Wesen.

Wir haben noch nicht begriffen, welchen Umbruch wir mit dem Verschwinden dieses Konzeptes erleben. Zurück in mittelalterliches Lebensgefühl können wir nicht. Die Hülle der Familie, die solche hat schützen können, die aus irgendeinem Grund an der Brust der Arbeitsgesellschaft nicht saugen konnte, schmilzt weg. So wie die Menschen am Ende des 19. Jahrhunderts Nietzsches »Gott ist tot« erschreckt hörten, so könnte heute Nietzsches Satz lauten: »Die Arbeit ist tot.« Gott wurde durch die Arbeit abgelöst, was aber wird die Arbeit ablösen?

Vieles spricht dafür, daß die Erfahrung von Sinnlosigkeit viele junge Menschen in Verzweiflung, Apathie und Resignation stürzen wird. Eine Wut der Nichtteilhabe wird sichtbar. Manche spielen mit dem Gedanken, Arbeitssurrogate über die jungen Menschen zu stülpen, damit sie vor dieser Sinnlosigkeitslawine nicht verschüttet werden. Scheinfirmen werden gegründet, über Zwangsarbeit für Sozialhilfeempfänger wird nachgedacht.

In der Entwicklungshilfe hat man lange mit dem Konzept *food for work* gearbeitet. Die Apathisierung der Menschen, die mit Nahrungsmittelhilfe überschüttet wurden, sollte dadurch gemildert werden, daß sie irgend etwas dafür tun mußten, um Mais zu bekommen. Das Problem: Arbeit wird so zum pädagogischen Projekt. Die Menschen spüren aber, daß ihnen da etwas zugemutet wird, was eigentlich nur betrügerischen und pädagogischen Charakter hat – und sie durchschauen das. Die Arbeitsbeschaffungsprogramme, die heute aufgelegt werden, sind oft solche Scheinbeschäftigungen, die davor bewahren sollen, daß die Menschen desozialisieren. Aber es ist nicht sehr wahrscheinlich, daß das funktioniert. Das ist Arbeit, die eigentlich gefälscht ist. Sie kann den sicheren Orientierungsrahmen, die Arbeit den Menschen im Bergwerk, in der Fabrikhalle, im Büro gegeben hat, nicht wiederherstellen. Food for work in Europa, das ist der Versuch, den Zusammenbruch der Arbeitsidee zu verstecken.

Man muß bei null neu beginnen.

Die Menschen – jedenfalls in Europa – könnten künftig immer deutlicher in zwei Gruppen zerfallen. Die kleine Gruppe derer, die arbeitet bis zum Umfallen, und die große Gruppe derer, die nicht arbeitet. Fast eine Wiederkehr feudaler frühneuzeitlicher (oder antiker) Zeiten mit umgekehrten Vorzeichen. Während damals die Aristokratie nichts tat und ihre Kulaken für sie arbeiten mußten, ist es heute eine kleine Arbeitsaristokratie, die bis zum Umfallen schafft, während viele nicht mehr in Lohn und Brot stehen. Beim Software-Konzern SAP sind 80 % der Mitarbeiter Akademiker, Durchschnittsalter 34 Jahre. Die 40-Stunden-Woche steht auf dem Papier. Aufträge werden erledigt, notfalls nachts oder am Wochenende. (*Der Spiegel,* 31, 1998). Mit fortschreitender Rationalisierung wird diese Kluft sich eher vertiefen. Die Arbeitsaristokratie wird mit einer gewissen Besorgnis auf die schauen, die nichts tun und dabei zu verwahrlosen drohen, weswegen man von Zeit zu Zeit über Pseudoarbeit nachdenkt. Was für die römischen Proletarier Brot und Spiele waren, wird heute Sozialhilfe und Pseudoarbeit.

Gern wird das amerikanische Jobwunder dagegengehalten. Es relativiert sich, wenn man sieht, wie viele nun einen neuen Job haben, bei dem sie weniger verdienen, als sie vorher von der Wohlfahrt bekamen. (Der Durchschnittslohn in den USA ist heute niedriger als 1989.) Die amerikanische Arbeitslosenstatistik nimmt sich auch deshalb günstig aus, weil 1,3 Millionen Menschen, meistens jüngere, schwarze Männer, in amerikanischen Gefängnissen sitzen. Sie fallen ebenso aus der Statistik heraus wie diejenigen, die einen Job für wenige Stunden im Monat haben. Moneyless America, jobless Europe – so beschreibt der amerikanische Ökonom Paul Krugman die Unterschiede.

Die Zahl der Dauerarbeitslosen wird sich auch künftig kaum verringern. Die Arbeitsplätze derjenigen, die in traditioneller Industriearbeit und Landwirtschaft beschäftigt waren, sind weggeschmolzen: das sind die einfachen und mittelqualifizierten Arbeiten, aus denen sich die Verlierergruppe rekrutiert. In der Biotechnologie, in den Informations- und Kommunikationstechnologien darf man mit kräftigen Zuwächsen rechnen. Diese Arbeitsplätze sind freilich mit viel Unsicherheit kombiniert, die nicht mehr klassische Arbeitsbiographien, die meist ein ganzes Leben gestalteten, hervorbringen. Drei Gruppen prognostiziert der ehemalige US-Arbeitsminister Robert B. Reich für die Innovationsgesellschaften: Die Routinearbeiter in der Produktion, die immer weniger gebraucht werden; die persönlichen Dienstleister mit sinkendem Einkommen (weil man immer jemanden findet, der es billiger macht) und die modernen Wissensarbeiter mit hohem Einkommen. Zu dieser Elite (Wissenschaftler, Marketingexperten,

Anwälte, Showmaster, Journalisten) werden 20 Prozent gehören.

Der katholische Sozialethiker Friedhelm Hengsbach spricht von einem »tobenden Verteilungskampf, den Arbeitgeber und Kapital angezettelt haben, damit der wachsende Reichtum in ihrem Interesse verteilt wird«. Das sind die Eckdaten:

- Mehr als sieben Millionen Deutsche gehören nach den Definitionen der Europäischen Union zu den Armen.
- Die Zahl der Sozialhilfeempfänger nimmt zu, sie ist innerhalb von vier Jahren von 2,3 Millionen auf 3 Millionen gewachsen (1998).
- Anfang der achtziger Jahre gab es 230 000 Vermögensmillionäre, jetzt sind es eine Million.
- Die Einkommen der Selbständigen sind seit 1980 um ca. 130 Prozent gestiegen, die abhängigen Einkommen sind real (also nach Abzug der Preissteigerungen) immer noch auf der Höhe von vor 18 Jahren.
- Der Anteil der Löhne am Volkseinkommen ist in den letzten vier Jahren von 72 Prozent auf 60 Prozent gesunken – er liegt heute da, wo er in den fünfziger Jahren gelegen hat.
- Die durchschnittliche Steuerbelastung der Gewinne schrumpfte im selben Zeitraum von zwanzig Prozent auf sieben Prozent.
- Die reichsten fünf Prozent der Deutschen besitzen ein Drittel des Geldvermögens.

Offenbar wird nicht mehr unterschieden zwischen einer notwendigen Deregulierung bürokratischer Strukturen und einer hemmungslosen Entblockierung, bei der die Idee der sozialen Gerechtigkeit mit verkrusteten Verhältnissen zugleich weggespült wird. *Hier kommt dem Dekalog mit seinem »Du sollst nicht!« vielleicht die Aufgabe zu, an die notwendigen Blockaden zu erinnern, die verhindern, daß die menschliche Grundidee der sozialen Gerechtigkeit – von der auch die Propheten des Alten Testaments bewegt waren – im Taumel der Innovationsgesellschaft verlorengeht.*

In den osteuropäischen Gesellschaften hat diese Aufspaltung der Gesellschaft schon in kurzer Zeit Spitzenwerte erreicht: Auf dem Budapester Moskva Tér sammeln sich um 18.45 Uhr Hunderte von Elendsgestalten in Zehnerreihen, um von der Heilsarmee einen Teller Suppe ausgeteilt zu bekommen. (Vor dem Café, in dem ich in Budapest sitze, sucht ein Mann in mittlerem Alter in Mülleimern nach Nahrungsmitteln, findet ein Brotende und eine nicht ganz geleerte Cola-Flasche. Er ist kein Ausnahmefall.)

Was bedeutet es, daß für viele die Möglichkeit und die Notwendigkeit der Arbeit verschwunden ist? Werfen wir einmal versuchsweise die Illusionsarbeit fort. Dann entstehen zwei Probleme:

① Wovon sollen die, die nicht arbeiten, leben?
② Welchen Sinn sollen diejenigen, die nicht arbeiten, in ihrem Leben finden?

① Geld scheint genug dazu sein. Während die Arbeitsplätze verschwinden, steigen die Gewinne. Es sollte in einer reichen Gesellschaft wie der unseren möglich sein, eine Art Grundversorgung der Ausgemusterten sicherzustellen. Die Angst, die dabei sofort entsteht, daß man eine riesige Zahl von Leistungsverweigerern alimentiert, ist lächerlich. Denn die Leistung wird nicht gebraucht – also kann man auf diesen Knüppel verzichten. Aber heißt das nicht, daß man eine Verrentungsmentalität schafft, bei der zwei Drittel der Gesellschaft eigentlich pensioniert sind – vom Kindergarten an? Ja, vielleicht. Aber möglicherweise ruft das Verschwinden der abhängigen Sturarbeit ja gerade den

Freiheitsspielraum herbei, in dem sich die Menschen auf Tätigkeiten besinnen können, die ihrem Leben nicht mehr das zentrale Sinngerüst geben, aber erlauben, ein phantasievolles, schöpferisches Leben zu gestalten. Da könnten sich dann Arbeit und Freizeit wieder ineinander verschränken. An die vielen Computerfreaks, die aus ihrer Leidenschaft – manchmal geradezu nebenbei – auch einen Broterwerb machen, ist dabei ebenso zu denken wie an diejenigen, die subsistente Tätigkeiten wiedererfinden: Die sich ihre Wohnungen selber bauen (statt Unterkunft zu konsumieren), die sich Nahrungsmittel selbst – und sei es auf dem Balkon – produzieren. Neben der strengen industriellen Arbeitswelt blüht eine Tätigkeitswelt auf, die undogmatisch raffinierte Technologie und alte menschliche Fähigkeiten zur Eigenarbeit verbinden könnte. (In Deutschland wird das meist als Schwarzarbeit diffamiert.) Die Wiederentdeckung der Subsistenz steht noch aus und könnte manche klaffende Wunde heilen.

② Wir stehen an einer Wegscheide. Nach dem, was die Menschen als den Tod Gottes empfinden, nach dem Ende der Ersatzkonstruktion, die die Arbeitsgesellschaft geboten hat, scheinen wir in eine Situation hineinzustolpern, in der die Menschen resigniert darauf verzichten, so etwas wie Sinn zu erhoffen. Die Wissenschaft – als der Interpretationsmonopolist der Gegenwart – kommt ohne diese Vokabel aus. Wissenschaft und Technik haben sich selbst zum Subjekt der Geschichte gesetzt. In den Naturwissenschaften ohnehin, aber auch zunehmend in den Geisteswissenschaften wird die Kategorie des Sinns aufgegeben. Vielleicht werden die Menschen künftig also ohne eine solche ihr Leben gestaltende Idee auskommen wollen. Es fragt sich, ob die Verwaltung aller Lebensbereiche das, was Sinn war, ersetzt. Dazu gehörte dann auch eine administrativ erzeugte Moral, die den Menschen sagt, was sie tun müssen, um innerhalb der Gesellschaft, die zum System geworden ist, zu funktionieren.

Selbstverständlich ist dieses Szenario eines, das gilt, wenn sich politisch und ökonomisch diejenigen durchsetzen, die eine »Schwimm-oder-ertrinke«-Position vertreten nach der Devise: Laßt den freien Markt walten, jagt die Regierung aus der Wirtschaft, laßt jedermann schwimmen, Deregulierung ist das neue Wort für Erlösung. Aber es ist überhaupt nicht auszuschließen, daß sich betroffene und nachdenkliche Menschen dem neoliberalen Credo irgendwann verweigern. Solange demokratische Verfassungen nicht zur Makulatur geworden sind, solange sind die Globalisierer und Deregulierer eben auch auf die öffentliche Unterstützung angewiesen. Sonst ist ihr Schwimmbad irgendwann einmal leer. Niemand hindert uns anzunehmen, daß der wirtschaftsliberale Wahn übermorgen genauso in sich zusammenfallen kann wie gestern der sozialistische Planungsirrsinn. Täuscht es oder beginnen schon Nachdenkliche aller Couleur nach einer humaneren, notwendigerweise auch bescheideneren Ökonomie und Politik auszuschauen? Weltreligionen – und der Neoliberalismus ist eine – rufen Ketzer auf den Plan. Man hofft dabeizusein.

Die Lage der modernen Menschen ist nicht dadurch gekennzeichnet, daß sie »andere Götter« haben, die neben den einen treten. Das alte Gebot: »Du sollst keine anderen Götter haben!« setzt sich mit dem Abfall des Volkes Israel an Götzen aller Art auseinander, die im Vorderen Orient dem Volke Israel anschaulich waren. Die versprachen mehr und lockten so.

Es wäre primitiv, das Götzenverbot kurzerhand auf unseren Alltag zu übertragen und dann allerlei Götzendienerisches zu indizieren. Das Auto? Die Mobilität? Der Fernsehapparat? Die Informationsgesellschaft? Die Versicherungspolice? Den Sicherheitswahn? Mit all dem täte man so, als wenn das verhüllte Bild Gottes wieder sichtbar zu machen wäre, indem man das Takelwerk des Alltags abräumt. Wir müssen dahin schauen, wo das, was Frühere Gott genannt haben, durch anderes ersetzt wird. Aber selbst das ist noch zu einfach. Die Hoffnungen und Sehnsüchte der Menschen bündeln sich auf gar nichts mehr, in der großen Ebene der verflogenen Hoffnungen zieht keine Wolken- oder Feuersäule mehr einher wie einst vor dem Volk Israel.

Töte, töte, töte,
töte, breche die Ehe, breche
Geh fremd; begehre, begehre
die ganze Woche lang
die ganze Woche lang
Am Sonntag schlag Mutter, schlag Vater,
schlag Schwester, den Jüngeren und den Schwächeren
und stehle, da alles um dich deins ist
alles ist deins . . .
(Aus Kieslowskis Dekalog, Zehn, Lied Arturs)

Das einzige, was noch Bündelung schafft, das scheint das Böse zu sein. Das einzige, was noch konkret und unübersehbar ist, das ist das Böse: Das 20. Jahrhundert hat Auschwitz geschaffen und damit vielleicht den Glauben an Gott und den an Sinn unmöglich gemacht. »Auschwitz ist bis heute nicht beendet, weil es unsere Lebensweise ist, die zu Auschwitz führt. Hitler kann ein politischer Zufall sein, Auschwitz nicht.« (Imré Kertész).

Wir erleben heute den letzten noch möglichen Angriff auf die Reste des Gottesglaubens. In der Wissenschaft wird das Böse zunehmend biologisch verankert und damit aus der Sinn- und Gottesfrage entfernt. Das ist kein zufälliger Schlenker in der Wissenschaftsgeschichte, sondern ein logischer Schritt: Der Begriff des Sinns und der Begriff Gottes müssen endgültig in sich zusammenfallen, wenn das Böse ein physiologisches Phänomen wird. Erklärt man das Böse zu einem biologischen Phänomen, dann kann man zu chemischen, chirurgischen oder mikrobiologischen Techniken greifen, um es zu kontrollieren. Augustin, der Kirchenvater aus dem 5. Jahrhundert, hatte das Böse als die Abwesenheit Gottes definiert. Mit den neuesten Wissenschaftsentwicklungen wird dem Bösen eine biologische Realität zuerkannt. Wenn Gott auch tot ist, das Böse ist – so müßte man sagen – wissenschaftlich erwiesen, eingekreist und unter dem Mikroskop sichtbar.

Adrian Raine von der University of Southern California in Los Angeles zum Beispiel behauptet, daß antisoziales Verhalten von Gelegenheitsdiebstählen über Kidnapping bis zu Sexualverbrechen auch biologische Ursachen hat. Nicht mehr die Rabenmutter oder der prügelnde Vater sind anzuführen, sondern molekulare Fehlkonstruktionen, die in Genen und im Gehirn nachweisbar sind. Raine weist linke und rechte Befürchtungen zurück: Die Linken, so Raine, befürchten, daß Kinder schon einen Stempel als künftige Verbrecher bekommen, während die Rechten die Angst haben, ein medizinisches Attest könne Kriminelle künftig aus dem Knast befreien. »Hinter solchen Sorgen steht die völlig veraltete Vorstellung, eine biologische, möglicherweise ererbte Anlage führe das Leben eines Menschen zwangsläufig in eine bestimmte Richtung. Dabei kann doch auch jemand, der eine Veranlagung zum Bluthochdruck hat, durch eine angemessene Ernährung und Bewegung einer Erkrankung vorbeugen.« (So zitiert der *stern* den Professor, der damit den zeitgemäßen Richtungswechsel vom liberalen Journal zur Hofberichterstattung für die biologistischen Wissenschaften vollzieht.)

Das Böse wird zur Frage der Diät und der Fitneß!

So wie die Erkenntnis des Bösen durch einen Biß in den Apfel in die Welt kam, soll nun offenbar der Biß in die vitaminreiche Orangenfrucht das Böse wieder aus der Welt schaffen.

Das Kind, das geschlagen wird, weist vielleicht Risse in wichtigen Nervenfasern auf. Durch diese Schädigung können dann aggressive Impulse, die in tieferliegenden Teilen des Gehirns entstehen, auf das Verhalten des Kindes durchschlagen. Zu solchen ausgelösten Schädigungen treten erbliche. Ein defektes Gen auf dem X-Chromosom wird dann für eine Serie von Verbrechen in einer niederländischen Familie verantwortlich gemacht.

Hans Jürgen Eysenck vertritt schon lange die These, daß antisoziales Verhalten zu 60 Prozent genetisch bestimmt sei. Bestrafung und Belohnung sind Möglichkeiten, den Ausbruch antisozialen Verhaltens zu unterdrücken. »Persönliche Verantwortung des Menschen? Ich weiß nicht, was das sein soll«, sagt Hans Jürgen Eysenck.

»ICH DANKE DIR, GOTT! ES GIBT DICH NICHT, GOTT! NEIN, ES GIBT DICH WIRKLICH NICHT. ICH DANKE DIR!«

Der jugoslawische Schriftsteller Aleksandar Tišma berichtet von dem Folterknecht Dulicas. Im Augenblick, in dem wir in die Erzählung eintreten, ist der damit befaßt, einem Jungen namens Ostrojin ein Geständnis abzupressen. Er hat ihn schon zweimal bewußtlos geschlagen. Der Junge entzieht sich – so sieht es Dulicas – seiner Verantwortung durch Flucht in die Umnachtung. Dulicas sitzt in seinem Büro und denkt sorgenvoll an seinen kranken Sohn (*Igelchen*). Er liegt im Fieber, er ist schwächlich, ob die Medizin hilft, weiß man nicht. Die Zähigkeit des gefolterten Ostrojin und die Schwäche seines Igelchen existieren zugleich in seinen Gedanken.

Igelchen war jetzt – so hatte der Arzt gesagt – in Gottes Hand. Dulicas geht in den Keller zu Ostrojin. Am Ende einer schrecklichen Folterszene schickt Dulicas die anderen Wächter aus dem Raum: »Jetzt sind wir beide allein. Ich stelle dir keine Fragen, denn du kannst mir nichts mehr sagen. Wir haben alles von deinen Komplizen erfahren, alles, verstehst du, dein Schweigen war umsonst, mich interessiert nichts mehr, außer deiner Qual. Und darum werde ich dich jetzt quälen. Nicht damit du redest, sondern damit du leidest.« Er schiebt ihm einen Trichter zwischen die Lippen und gießt Wasser hinein, bis dem Jungen die Eingeweide platzen. In dem toten, blutüberströmten Ostrojin sieht er plötzlich seinen eigenen Sohn, begreift sich als abartiges Monstrum. Er geht in sein Büro, in der Erwartung, daß sein Sohn inzwischen gestorben sei. Seine Frau sagt am Telefon: »Igelchen – es geht ihm besser.« In einem übermächtigen Gefühl, einer Mischung aus Rührung und Verzweiflung – so schreibt Tišma – »wandte sich Dulicas zur Tür, verschloß sie, kehrte zurück, fiel auf die Knie, faltete die Hände, hob den Blick zur Decke und rief laut, befreit: ›Ich danke dir, Gott! Es gibt dich nicht, Gott! Nein, es gibt dich wirklich nicht. Ich danke dir!‹«

Der Teufel ist – so scheint es – sehr real erfahrbar. Dulicas Sätze scheinen die Erfahrung dieses Jahrhunderts abzuschließen. Die ungeheuerlichen Taten der Menschen bleiben ungesühnt. Der erste Satz auf den Tafeln des Moses scheint im höhnischen Gelächter der Eichmanns und Mengeles zu verhallen: »Ich bin der Herr, dein Gott.«

Vieles spricht für die Auffassung des Folterknechtes, daß seine Taten ungesühnt bleiben. Sie kann auch zur Grundidee im kommenden Jahrhundert werden. Wird das anbrechende Jahrhundert dann auch die Brutalitäten des vergangenen überbieten? Die Möglichkeiten dazu dürften zur Hand sein. Gott wird sie nicht verhindern. Der Glaube der Menschen hat sie nicht verhindert.

Daß die Eule der Minerva ihren Flug erst am Abend beginnt, sagt Hegel und meint damit, daß die Philosophie einsetzt, wenn die Selbstverständlichkeit der Lebensumstände schon bröckelt. Platos Philosophie ist der Versuch einer Restauration zu einem Zeitpunkt als die athenische Polis zerfällt (Adorno): Er versucht noch einmal hervorzubringen, was die tradierten Tugenden der attischen Gemeinschaft waren. Hegels Satz gilt für uns heute im Blick auf den »Moralschwund«. Moralrestaurationen werden allenthalben versucht, drohen aber in einem kümmerlichen Puritanismus oder Sozialkonservatismus zu versanden. Die Nützlichkeitsethik ist ein Rückfall in vorzivilisatorische Naturzustände, dieser Ethik folgt auch die Affenherde. Wir müssen etwas Neues finden.

2. GEBOT

DIE VERGÖTZUNG DER ZUKUNFT

Vom Bilderdienst und von der Projektemacherei

Wenn du einen Buddha siehst, dann hau' ihm den Kopf ab.
Buddhistischer Spruch

Du sollst dir kein Bildnis machen
in irgendeiner Gestalt, weder von dem, was oben
im Himmel, noch von dem, was unten auf Erden,
noch von dem, was im Wasser unter der Erde ist.
Du sollst sie nicht anbeten, noch ihnen dienen.

»**Menschen** landen auf der Venus; kaum haben sie ihre Rakete verlassen, machen die künftigen Kolonialherren fröhlich Jagd auf die Eingeborenen dieses Sterns, ihr künftiges Kolonialvolk, von dem zunächst nichts zu sehen ist. Man kann sich den Stolz des Königs der Natur vorstellen, den Rausch des Triumphs und einer neuen Freiheit. Alles stürzt bald zusammen angesichts einer unerträglichen Gewißheit: die Eroberer befinden sich in einem Käfig, ihre Bewegungen sind vorausgeplant; die Wege, die sie herausfinden, sind ihnen von irgend jemandem vorgezeichnet. Unsichtbar, über den gläsernen Käfig gebeugt, unterwerfen die Venusbewohner diese höheren Säugetiere Intelligenztests. Genauso ist unser aller Lage, nur daß wir unsere eigenen Venusbewohner und unsere eigenen Versuchskaninchen sind.« Bei Jean-Paul Sartre, der – wie er sagt – von Zeit zu Zeit zu seinem Vergnügen Science-fiction-Romane las, findet sich diese kleine Passage.

Tatsächlich wächst mit der technischen und wissenschaftlichen Kompetenz der Menschen die Unübersichtlichkeit der Lage. Einerseits sind wir emporgetragen von dem Gefühl der Machbarkeit. Die Erforschung des Weltraums macht ebenso rasche Fortschritte wie die Erforschung der Mikrostrukturen des Lebens: Mikrokosmos und Makrokosmos in der Hand der Menschen. Zugleich scheinen die Menschen in eine schwierige Lage zu geraten, bei der ihre häuslichen Probleme ins unermeßliche steigen. Wie soll der Planet zehn Milliarden Menschen verkraften, denen die Erfüllung von immer mehr Bedürfnissen versprochen wird? Vielleicht kann das funktionieren. Aber auf dem Planeten bleibt dann wohl nur Raum für die Menschen und solche Lebewesen und Pflanzen, die ihrer Versorgung dienlich sind. Wie soll die Atmosphäre zum Beispiel die Industrialisierungsexplosion, die in China ohne Rücksicht auf ökologische Folgen betrieben wird, noch aufnehmen? Wer soll die Auseinandersetzungen zwischen immer besser bewaffneten Nationen managen und die Herrschaft der Warlords in Afrika und anderswo begrenzen? Wie soll die urbanisierte Weltbevölkerung mit Nahrung und Wasser versorgt werden?

Die Menschheit erweitert ständig den Bereich des Machbaren und wird dabei zugleich mit immer schneller wachsenden Problemen konfrontiert. Die Menschen haben Anlaß, sich so mächtig wie noch nie zu fühlen und zugleich so ausgeliefert wie noch nie an das von ihnen selbst in Gang Gesetzte. Sie wissen mehr über Lawinen als je zuvor, aber die Zahl der von Lawinen Verschütteten wächst: Das darf man als Bild für die selbstproduzierten Phänomene der Menschen nehmen. Was sie trifft, wenn sie im Auto sterben, vom Himmel fallen, auf der Flucht verhungern, von Mörderbanden niedergemetzelt, vom Infarkt dahingerafft, von einer Tellermine zerfetzt werden: Das ist kein Schicksal, sondern die eigene Kraft zur Innovation und zur Destruktion begegnet den Menschen. Die einen kommen zu dem Schluß, daß die vom Menschen selbst produzierten Probleme sich so kumulieren, daß apokalyptische Aussichten drohen, die anderen vermuten, daß die Fähigkeit zur Problemlösung schneller wächst als die Zahl der Schwierigkeiten, so daß wir mittelfristig damit rechnen können, daß das Schlimmste vermieden werden kann: Die Nahrungsmittelproduktion soll so effizient werden, daß der Hunger schwindet, das Wachstum der Bevölkerung verlangsame sich schon, eine gestärkte UNO werde militärische Konflikte eindämmen und eine auf Nachhaltigkeit angelegte Produktion werde die ökologischen Folgeschäden minimieren. Die großen Konferenzen der UNO zeichnen das Bild einer Weltgemeinschaft, die ihre Probleme sieht und anpackt: Die Weltbevölkerungskonferenz in Kairo, die Habitat-Konferenz in Istanbul, die Umweltkonferenz in Rio sind Marksteine auf diesem Weg.

Während das Managment der Menschheit Fortschritte macht, scheint das Geschick des einzelnen immer uninteressanter zu werden. Das Individuum wird in den Statistiken der Bevölkerungsplaner, der Nahrungsmittelproduzenten, der Organisatoren von Bildung, Börsenkursen, Verkehr, Sozialhilfe und Gesundheit verrechnet. Eine Zerreißprobe: Je machbarer die Lebensumstände der Menschen zu werden im Begriffe sind, desto ohnmächtiger empfindet sich der einzelne. An die Stelle Gottes ist das Management der Lebensumstände getreten. Das züchtet das Gefühl, daß nichts von dem, was uns zustößt, nicht auch anders sein könnte. Versäumnisangst überwuchert die Biographien: Das Leben wird zur letzten Gelegenheit (Marianne Gronemeyer). Die Menschen waren in Traditionen und überkommenen sozialen Organisationsformen eingebunden und erfuhren darin ihr Glück und ihre Katastrophen. Aus diesem Gehäuse sind sie ausgezogen, ja geflohen. Das Gehäuse starrer lokaler und überlieferter Regeln war zu eng. An die Stelle dieses Gehäuses ist ein Angebotsleben getreten, das eine dauerhafte Unruhe installiert: die Sorge, man könne gebotene Chancen übersehen. Wo nicht nachgedacht wird, da wird dieses Angebotsleben leicht für Freiheit gehalten. Dabei ist die Opposition gegen ein starres traditionelles Regelwerk vermutlich leichter als die störrische Widerständigkeit, die man heute aufbieten muß, um in der Vielzahl der gebotenen und präfabrizierten Lebenswahlen noch sich selbst zu bewahren. Das Nein zu einem autoritären Elternhaus ist leichter herauszuschreien als in der Unübersichtlichkeit moderner Verhältnisse ein Ich zu bewahren.

Es scheint so, als wenn sich in den letzten Jahrzehnten etwas dramatisch umgekehrt hat. »Wir werden als mehrere geboren, und wir sterben als einziger«, sagt Sokrates bei Paul Valèry. Ist es heute vielleicht genau andersherum? Sartre erläutert die Vermutung des Sokrates an einem drastischen Beispiel: Es gibt – so sagt er – auf der Erde offenbar noch Wilde, die so töricht sind, ihre Neugeborenen als Reinkarnation ihrer Vorfahren zu sehen. Die Waffen und Halsketten der Längstverstorbenen werden über dem Säugling geschwenkt. Er braucht nur eine Bewegung zu machen und schon schreien die Umstehenden: Der Großonkel ist wiederauferstanden. Dieser Greis bekommt die Brust, scheißt das Stroh unter sich voll, er wird bei seinem Namen gerufen. Sobald er sprechen kann, trichtern sie ihm die Erinnerungen des Verstorbenen ein, eine harte Dressur gibt ihm seinen früheren Charakter zurück. »Wie barbarisch: Man nimmt ein ganz lebendiges Gör, näht es in die Haut eines Toten ein, es erstickt in dieser greisenhaften Kindheit, ohne eine andere Beschäftigung, als die Gesten des Onkels genau zu reproduzieren, ohne eine andere Hoffnung, als nach seinem Tode zukünftige Kindheiten zu vergiften.« Diese zurückgebliebenen Eingeborenen – so Sartre – findet man auf den Fidschiinseln, auf Tahiti, auf Neuguinea, in Wien, in Paris, in Rom, überall, wo es Menschen gibt. »Man nennt sie Eltern ... Man hat von uns ›er‹ gesagt, Jahre bevor wir ›ich‹ sagen konnten.«

Wir sind immer schon zu einem »Bild« gemacht worden, bevor wir ein eigenes von uns entwerfen können. Während die Ebenbildlichkeit mit Gott, die in der Bibel dem Menschen zugesprochen wird, den himmlischen Menschen vorstellt, werden wir im Prozeß der Erziehung zu den Götzen, die die Eltern schaffen.

In dieser Mikrostruktur des Verhältnisses zwischen Eltern und ihren Kindern wird etwas sehr Allgemeines sichtbar: Die Zukunft, die auch immer unseren Tod birgt, wird zum Objekt der Festlegung. Die Lebenden versuchen, die Risiken der Zukunft zu verringern, sich gegen die Risiken der Zukunft zu sichern. Je steinerner und festgelegter die Zukunft ist, desto weniger Gefahren schließt sie ein oder können unvermindert aus ihr auftauchen. Während die große Wende um das Jahr 1000 die Phantasien der Menschen so beflügelt hat, daß sie das Kommen Gottes, das Ende der Geschichte und der Welt erwartet haben, wird die Jahrtausendwende, die uns bevorsteht, zur Aufforderung, die Planung und Projektierung der Zukunft energisch voranzutreiben. Der Planet wird zu einem gewaltigen Managementprojekt. Man kann sagen, daß an die Stelle Gottes, der die Zukunft in Händen hielt, nun der Mensch tritt, dessen Handeln die Krisen in den Griff bekommen soll: Kontrolle der Bevölkerung, Planung der Nahrungsmittelversorgung, Organisation weltweiter Infrastrukturen, Vorsorge gegen Epidemien, Begrenzung ökologischer Folgeschäden, Überwachung von Rüstungsprozessen, Übereinkünfte zur Ausbeutung der Meere und der arktischen Gefilde und Verträge zur Errichtung von Weltraumstationen. Die Zukunft zuckt wie ein gefangener Fisch im Netz der Planer. Vom Ende der Geschichte, das Fukuyama konstatiert hat, kann jedenfalls in dem Sinne geredet werden, daß energische Bemühungen gemacht werden, die Mikrostrukturen und die Makrostrukturen des planetarischen Geschehens in den Griff zu bekommen. Diejenigen, die – apokalyptisch gestimmt – vermuten, daß uns Krisen ereilen werden, die nicht zu managen sind, vertreten damit vielleicht nicht mehr als die verzweifelte Hoffnung, daß die Zukunft doch auf irgendeine Weise noch offen ist, daß sie nicht gänzlich planbar ist. Es geht darum, sich gerade gegen die Behauptung aufzulehnen, die Zukunft sei längst festgezurrt. Gesucht sind Ketzer gegen die herrschende Weltreligion, die alles für machbar hält, und die die Zukunft vom Markt, vom Labor und vom Planungsbüro gerastert vor sich sieht. Es ist ein Paradies, das da erwartet wird, das mehr die Ordnung eines Lagers hat, als daß es an die Freuden des himmlischen Jerusalems erinnern würde. Ein kleiner Exkurs über das Paradies mag daran erinnern, was verlorengeht, wenn die Zukunft an Planungsstäbe übergeht.

EXKURS ÜBER DAS PARADIES

Mittelalterliche Schriftsteller waren der Meinung, das Paradies habe in der Landschaft zwischen Euphrat und Tigris gelegen, im Umkreis von Bagdad und Babylon. Sie wären vermutlich zutiefst erschrocken darüber gewesen, daß im Golfkrieg auf jene Region Bomben und Raketen niedergingen: Die Erinnerungslosigkeit unserer Tage wird darin schmerzlich deutlich, daß wohl kaum jemand noch diese Assoziation hatte, als der finstere Diktator des Irak durch die Vereinigten Staaten bekämpft wurde: das Paradies werde bombardiert.

Eine Karte aus dem Mittelalter zeigt uns die Welt, wie sie damals bekannt war: Arabien, Griechenland, Afrika usw. In der linken oberen Ecke dieser Weltkarte ist auch das Paradies eingezeichnet mit den vier Flüssen, die nach dem Schöpfungsbericht der Genesis das Paradies durchströmen: Euphrat, Tigris, Pischon und Gichon. Sie füllen die vier Meere, die die Welt – nach damaliger Vorstellung – in vier Teile teilen. Daß dieses Paradies der Alten auf den Darstellungen »oben« liegt hängt auch damit zusammen, daß das Paradies und der heilige Berg, das Oben also, oft in eins gesetzt wurden. Von hier fließen die Ströme des Paradieses herunter in die Welt. Der Berg ist Nabel und Lebenszentrum. Dieser Berg erhob sich zuerst aus den Urfluten, von hier stieg der Mensch herab, um die Erde zu bevölkern. Deswegen wurden die Menschen – solange man von der Lage des Paradieses noch eine Vorstellung hatte – so beerdigt, daß sie beim Erwachen sogleich in Richtung des Paradieses blickten. Gerhard Kremer, genannt Mercator, der 1512–1594 lebte und sein berühmtes Kartenwerk erarbeitete, hat bekanntlich Karten gezeichnet, die wir als wirklichkeitsnah bezeichnen würden, die Kontinente »stimmen«. Und dennoch findet sich überraschenderweise in dieser modernen Karte am arktischen Pol (im Norden also – wie im Mittelalter) der Achsenberg, der Paradiesesberg (rupes nigra et altissima), den ein kreisrundes Meer umgibt, von dem aus sich die vier Paradiesesflüsse verzweigen und in die vier Meere ergießen. Der nicht weniger als Mercator bekannte Sebastian Münster hat 1559 seine Cosmographia universalis verlegt, und auch er geht noch ganz selbstverständlich davon aus, daß das Paradies ein irdischer Ort sei: »Da es unsere Absicht ist, in diesem Buch den gesamten Erdkreis, seinen physischen Aspekt und die bewohnten Gegenden zu beschreiben und da das Paradies ein bestimmter Ort der Erde ist, so erwähnen wir es nicht ohne Grund zu Beginn unseres Werkes und fragen uns, wo sich dieser Garten der Wonnen zur Zeit unserer ersten Vorväter befunden haben mag und ob er noch in der heutigen Welt Bestand hat.« Unter Ludwig XIV. erhielt die Académie Française den Auftrag, die geographische Lage jenes »Ortes der Wonnen voller herrlicher Bäume und erlesener Düfte« zu erforschen. Der mit der Durchführung des Auftrages beladene Daniel Huet, der Bischof von Avranches, kam zu dem Schluß, daß das Paradies »auf dem Kanal, den Euphrat und Tigris nach ihrem Zusammenfluß bilden«, liege, also auf einer Insel, die von den beiden Flüssen eingeschlossen wird.

Paradies ist ein Lehnwort aus dem Altiranischen, pairidaeza. Es bezeichnet dort eine Umwallung, einen von einem Wall umgebenen Park, später einen Lustgarten. Im Griechischen begegnet es als Bezeichnung für die Parkanlagen der persischen Könige. Die Septuaginta, die alte griechische Übersetzung der hebräischen Bibel, zieht diesen Begriff in die religiöse Sphäre, besetzt ihn mit himmlischen Partikeln, könnte man sagen, indem sie den Garten Eden als »Paradies« bezeichnet. Das Bild vom

Paradies nährt sich aus verschiedenen Quellen. Es erscheint aus dem Blickwinkel der Nomaden als eine Oase in der Wüste und später auf der städtischen Kulturstufe als ein gepflegter Garten, zu dem dann auch der Wächter gehört.

87 097mal meldet meine Suchmaschine das Wort Paradies im Internet: Da werde ich eingeladen in Shah's Windows 95 Paradise, pornographische Paradiesbilder soll ich mir ansehen, das Sandy Bay Paradise in Malaysia lädt mich ein, ebenso wie verschiedene Fan-Paradiese locken. Natürlich annonciert sich auch ein Paradise Project (**P**erformance **AR**chitecture for **A**dvanced **D**istributed **I**nteractive **S**imulation **E**nvironments). Das Paradies ist verkommen zur Chiffre für alles, was irgendwie gut und verlockend ist.

Unsere abendländische Geschichte ist überspannt gewesen von der Vorstellung, daß Urzeit und Endzeit aufeinander bezogen sind. Das endzeitliche Paradies ist Wiederkehr und Überbietung des Paradieses, in dem Adam und Eva gelebt haben. Das Paradies wird denen geschenkt, die für würdig gehalten werden, dort zu sein. Im Paradies, so hat Blumenberg gesagt, sind Weltzeit und Lebenszeit identisch. Der Urkonflikt, der die Menschen begleitet, besteht darin, daß den Lebenden von der Welt etwas vorenthalten bleibt, das denen zufällt, die eine Zeit jenseits der eigenen nutzen können: Die Welt endet nicht mit dem eigenen Leben. Dieser Urkonflikt – so Blumenberg – ist heute auf die Spitze getrieben, weil die Menschen immer weniger Zeit für immer mehr Möglichkeiten haben.
Der Teufel weiß, daß er wenig Zeit hat – heißt es in der Apokalypse des Johannes am Schluß der Bibel. Das Mißverhältnis von Wunschgröße und Lebensfrist zerrt an den Menschen. Mit wachsender Panik erfährt der Mensch die Gleichgültigkeit der Welt gegen ihn. Der Rückstand gegen das als möglich Gedachte erzeugt Weltmißbefinden.

Deswegen haben immer wieder Prediger des Weltendes großen Zulauf, weil sie den Lebenden versprechen, sie würden alles erleben, was noch zu erleben ist. Sie brauchen dann den Schmerz nicht zu ertragen, daß eine gleichgültige Welt sie überlebt. Angesichts der eigenen Hinfälligkeit und Endlichkeit sollen gefälligst auch die anderen hinfällig sein. Lebenszeit und Weltzeit sollen koinzidieren (Blumenberg).

Das 20. Jahrhundert kann man auch als das Jahrhundert der Lager bezeichnen. Sie sind die Gegenorte zum Paradies. In ihnen feiert der Geist der Planung seine Triumphe. Nirgendwo war das Leben (und der Tod) genauer projektiert und geplant als im Lager. Man muß befürchten, daß – wenn das 21. Jahrhundert in erster Linie als ein Planungsprojekt begriffen wird – das kommende Jahrhundert den Planeten zu einem Universallager umgestaltet: Ein Lager in dem Sinne, daß die Bedürfnisse der Menschen diagnostiziert und befriedigt werden, daß ihr Leben rationiert und ihr Tod zum gegebenen Zeitpunkt veranstaltet wird. Die Überwachung und Kontrolle der Menschen mag sehr soft, ja luxuriös gestaltet werden. Dennoch kann die Durchorganisation der Welt nach den Prinzipien von Wissenschaft, Technik und Sytemrationalität eigentlich nur auf Kosten der Freiheit gehen. Vielleicht vergessen die Menschen irgendwann, daß sie gesteuerte, kontrollierte und geplante Einheiten sind, verlieren damit auch das Bewußtsein, daß ihre Freiheit verschwand. Der Kolonisierung der Lebenswelt, die auf der Tagesordnung steht, wäre mit dem Rekurs auf das Gebot, von dem hier die Rede ist, zu wehren: Die Empörung und der Widerstand gegen eine Vergötzung der Zukunft, die Planung, Ordnung und Steuerung sozialer und biologischer Prozesse bis zur Lückenlosigkeit vorantreibt.

3. GEBOT

GESCHWÄTZ UND SCHWEIGEN

Die Stille im Rauschen der Diskurse

Du sollst den Namen Jahwes, deines Gottes, nicht zu trügerischen Zwecken aussprechen.

Seit zwanzig Jahren ist die Verwandlung der Sprache in produktive Ware im Gange, hat der französische Philosoph Jean-François Lyotard gesagt. Ökonomie und Technik als die Fürsten der Welt wälzen sich über den Planeten und horten Informationen, um ihre Leistung zu steigern. Dieses System – so führt Lyotard aus – absorbiert allen Widerstreit. Es benötigt keine Ideologie, »nur Gehirne. Mehr nicht. Jedenfalls keine Menschen.« Mit der Kommerzialisierung der Sprache verschwindet der Intellektuelle von der Bühne der Öffentlichkeit. Intellektuelle haben allenfalls noch eine Rolle als Dienstboten der zur Systemtheorie mutierten Philosophie. Sie werden zu Teilhabern einer intellektuellen Spaßkultur, die sich servil vor dem Götzen der Affirmation verneigen und ihm ihre grauen Zellen zum Opfer bringen. Kritik wird zunehmend als fundamentalistische Polemik desavouiert. Was nachbleibt: Optimismus im denkfreien Raum und Lifestyle.

Das Verschwinden der Kritik hat mit dem Verschwinden der Sprache zu tun. Uwe Pörksen hat die Verwandlung der Sprache in Ware beschrieben. Immer mehr Wörter werden zu Plastikbegriffen, die als Chiffren eines universalen Uniquacks die Verwüstung des Denkens befördern. Es sind jene Wörter, die in den Konferenzsprachen sich immer mehr zu gleichen beginnen. Development, planning, control, identity – wer fünfzig dieser Vokabeln kennt – so Pörksen –, kann jeder Konferenz in den üblichen Konferenzsprachen folgen – und wer hundert kennt, hat gute Aussichten, Präsident einer solchen Veranstaltung zu sein. In die Plastikwörter sind Konzepte eingelassen, denen sich zu widersetzen eine erhebliche intellektuelle Anstrengung kostet. Beispiel: Der Begriff der »Armut«, der noch im Mittelalter auch den Klang eines Lebensentwurfes haben konnte, mit dem sich Menschen für ein Leben entschieden, das Gott gewidmet war, ist heute nur noch eine Schreckensvokabel. Im Mittelalter wurde dem Armen der *potens,* lat. der Mächtige, entgegengesetzt. Die merkantilistische Ökonomie erst hat zusammen mit der Verstädterung und der Monetarisierung der Gesellschaft dazu geführt, daß man als Arme jene bezeichnete, denen es an Geld und Besitz mangelte (Majid Rahnema). Der ehrbare Arme, der bescheiden von den geringen Erträgen seiner Arbeit und vom Almosen lebte, war völlig unverdächtig. (Um Mißverständnissen vorzubeugen: Damit wird keine mittelalterliche Idylle beschrieben. Aber der Unterschied ist festzuhalten: Wir können den mittelalterlichen Armen nur noch als einen Homo miserabilis erkennen – das war er nicht.) Es ist uns heute ganz selbstverständlich geworden, vom *Krieg gegen die Armut* zu sprechen. Das überdeckt die Erinnerung daran, daß es Lebensweisen gibt, die durch Subsistenz und Bescheidenheit ein hohes Maß an Autonomie und Kultur ermöglichten. Heute sind diese Lebensstile unter den Rasenmäher geraten, der diese Lebensformen als entwicklungsbedürftig definiert und angefangen hat, sie systematisch zu zerstören. Die Weltbank hat bereits 1948 – in einem ihrer ersten Berichte – das Thema Armut mit dem Bruttosozialprodukt verknüpft, indem sie Länder mit einem Pro-Kopf-Einkommen unter 100 Dollar für arm und unterentwickelt erklärte. Daraus ergab sich notwendig die Verpflichtung für die reicheren Länder, den Lebensstandard dieser Armen zu heben. Insofern ist die weltweite Armut eine moderne Erfindung. Ganze Völker galten über Nacht als arm, weil sie – im Vergleich mit den marktwirtschaftlich Arrivierten – keine nennenswerte Wirtschaftsleistung vorzuweisen hatten. Die Armut, die bis dahin viele Gesichter hatte, bekam nun ein neu gestyltes. Eines, das sich am Pro-Kopf-Einkommen, am Kalorienverbrauch, an der Möglichkeit zu Konsumieren maß. Ein Heer von Pauperologen zog aus – wie Majid Rahnema schreibt –, um die Armut in den Griff zu bekommen. Armut wurde zu einer weltweit grassierenden Krankheit, die solche Gesellschaften befällt, denen die moderne Wirtschaftsordnung fehlt. In seiner berühmten Rede, mit der der amerikanische Präsident Harry S. Truman die Entwicklungspolitik einleitete, sagte er: »Die Wirtschaftsformen (der Armen) sind primitiv und veraltet, ihre Armut bildet nicht nur für sie selber, sondern auch für die begünstigteren Weltgegenden eine Gefahr.« Der Prozeß der Vermarktung des Menschen, die Ökonomisierung der Gesellschaft, die in Europa und den USA schon stattgefunden hatte, wurde nun auf die restlichen Teile der Welt übertragen und alle Lebensstile, die sich noch von dieser Ökonomisierung gesondert gehalten hatten, unter die Fittiche der Weltwirtschaft genommen. Die als arm Adressierten begannen, sich in einem langsamen Prozeß nun selbst als arm zu verstehen. Ganze Völker und Kontinente wurden dazu gebracht, sich als unterentwickelt und hilfsbedürftig zu interpretieren. Die Weltbevölkerung wurde zum Patienten. Dieser Idee sind inzwischen nahezu alle Lebensstile zum Opfer gefallen, die einmal selbstgenügsam und autonom Menschen befähigt haben, ein zwar bescheidenes, aber selbstbestimmtes Leben zu führen.

Die Folge ist indessen nicht gewesen, daß sich die Aufholstrategie hat verwirklichen lassen. Zwar sind die zu ökonomisch Armen Gestempelten inzwischen selbst davon überzeugt, daß ihnen die Standards und Konsummöglichkeiten der ersten Welt mangeln, aber die Entwicklung hat die Reichen und die Armen in den letzten Jahrzehnten immer weiter auseinandergetrieben. Die Lebensweisen der noch nicht Ökonomisierten sind ruiniert, aber das, was ihnen versprochen wurde, haben sie nicht bekommen. Rajid Mahnema spricht von der Notwendigkeit, eine konviviale Armut, eine Armut, die freiwillig gewählt und moralisch gewollt ist, wiederzugewinnen.

»Es scheint an der Zeit, die alte Tradition der freiwilligen Beschränkung wieder zu beleben: Sie könnte individuelle Befreiung bewirken, und sie könnte entscheidend dazu beitragen, all die anderen brutalisierenden Folgen der Armut zu reduzieren. Die Welt der Ökonomie, in der einzelne und Nationen wie besessen den Konkurrenzkampf austragen und einander an Gier und Gewalt zu übertreffen suchen, in der die Ausbeutung und Zerstörung der inneren und äußeren Lebenskräfte der Menschheit an der Tagesordnung sind, gilt nach wie vor als Form der Modernität – aber sie ist in Wahrheit eine tragische Form der Verarmung. ... Immer mehr Menschen sind einfühlend und einsichtig genug, um zu begreifen, daß auf dieser Erde die Bedürfnisse aller nur befriedigt werden können, wenn die einzelnen von ihrer Gier befreit werden. ... Das ökonomische System erlebt in allen Bereichen schwere Erschütterungen und wird mehr und mehr als eine Gefahr für das Überleben des Planeten begriffen – man kann darin die Vorboten einer neuen Zeit sehen.«

Es geht – wie man am Begriff der Armut sieht – darum, die uns entrissene Sprache zurückzugewinnen.

»Von den etwa 5100 Sprachen, die heute auf der Welt gesprochen werden, sind nur 1 Prozent in Europa beheimatet, die anderen 99 Prozent haben ihren Ort in Asien, Afrika, im pazifischen Raum und auf den beiden amerikanischen Kontinenten. Allein in Nigeria sind mehr als 400 Sprachen gezählt worden, in Indien sind es 1682, und selbst das geographisch kleine Zentralamerika bringt es auf stolze 260 Sprachen« (Wolfgang Sachs). Diese linguistische Flickendecke wird in zwei, drei Generationen verschwunden sein. Kaum hundert Sprachen dürften überleben. Die Sprachen sterben mit der gleichen Geschwindigkeit wie die Arten. Pflanzen und Tiere verschwinden aus der Welt, und das Ende von Sprachen wird das Ende der Vielfalt von Kulturen mit sich bringen. Es macht einen Unterschied, ob man auf Deutsch, Farsi oder Zapotekisch betet, liebt, träumt, schimpft oder nachdenkt. Vorstellungsweisen und Lebenswelten verschwinden mit den Sprachen. »Nach den Gesetzen des Marktes und im Takt der Uhrzeit, getragen von Landwirtschaftsexperten und Krankenschwestern, von Dallas und Transistorradios, vollzieht sich ein beispielloser Wandel. Es dürfte kein Zufall sein, daß auf Europa, der Wiege des Alphabets und des Nationalstaats, nur noch ein Prozent der existierenden Sprachen entfallen. Was immer man davon halten mag, die Homogenisierung der Welt ist in vollem Gang, wie ein Ölteppich breitet sich die globale Monokultur aus.« (Wolfgang Sachs)

Fast die gesamte wissenschaftliche und politische Diskussion und die daraus folgenden Handlungsstrategien aber sind eingebettet in die 1-Prozent-Sprachwelt der industrialisierten Welt. Englisch ist die Lingua franca der Ingenieure, der Life-science-Protagonisten, der Bildungs-, Gesundheits-, Ernährungs- und Informationsexperten. Die Welt der Informationen ist englisch, und wer sich nicht in dieser Sprache bewegen kann, bleibt ausgeschlossen. Längst ist diese Sprache mit ihrer internationalisierten Plastikförmigkeit stillschweigend zum Träger eines Komplexes von Ideen geworden, die Ökonomisierung, Planungsperfektion (zusammen mit einer ganz spezifischen anthropologischen Konzeption) zur Zwangsidee machen.

Die Vorstellung ist gräßlich, daß mit dem Schwinden der vielen Sprachen und der Alleinherrschaft einer modernen Plastiksprache eine Situation entsteht, in der die vielfältigen Sprachkulturen der Welt allmählich in einer sprachlichen Welteinheitskultur verpuffen, die mit einem Bestand von 100 Zentralwörtern das Erklärungsraster und die Handlungsmuster für die Zukunft dieser Weltgesellschaft konstruiert. Es wäre eine Art sprachliche Astronautennahrung: leicht transportabel, geschmacklos, aber mit allen Ingredienzien, die man braucht, um zu funktionieren.

Gegenüber dieser geradezu kriegerischen Modernisierung, die alles über einen sprachlichen Kamm zu scheren im Begriffe ist, bleibt an den Rändern, im kulturellen Abseits, in den philosophischen Verstecken zunächst nur einmal die Hoffnung, in Ruhe gelassen zu werden. Die Aussichten dafür aber sind gering. Ja, es drängt sich der Eindruck auf, daß das Schweigen zur aussichtsreichsten Form wird, sich der Zerstörung von Sprache und Denken zu verweigern. Beredtes und begründet gewähltes Schweigen (Ivan Illich) kann mehr Nachdenklichkeit hervorrufen als das Mitplappern in einem Sprachbrei, der keine Präzision und keine Alternativen mehr zuläßt. Wer schweigt, wird unregierbar. Der schweigende Rückzug vom Argumentieren wird zur adäquaten Reaktion auf das Informationsgetöse. Und es sollte klar sein, daß dieses Schweigen nichts mit der sogenannten schweigenden Mehrheit zu tun hat, die dann redselig wird, wenn sie im Bierrausch am Stammtisch räsonniert.

Gesellschaftsvögel

Die meisten Menschen »fühlen in solchem Grade kein Bedürfnis nach Einsamkeit, daß sie wie die Gesellschaftsvögel gleich sterben, wenn sie nur einen Augenblick allein sein müssen; wie das kleine Kind in den Schlaf gesungen werden muß, so brauchen diese das beruhigende Einlullen des Gesellschaftlichen, um essen, trinken, schlafen, beten, sich verlieben usw. zu können ... In dem Unentwegt-Gesellschaftlichen unserer Zeit gruselt man sich in dem Grade vor der Einsamkeit, daß man (o herrliches Epigramm) sie zu nichts anderem zu gebrauchen weiß, als zur Strafe für Verbrecher.«

Sören Kierkegaard: Die Krankheit zum Tode

Ich stelle heute fest, daß in der Universität mit jedem Tag schneller die Bildung der Ausbildung geopfert wird. Die Lehre soll kein geistiges Abenteuer mehr sein, sondern ein qualitätsgeprüftes, evaluiertes Produkt. Lehrer mit TÜV-Plakette. Diejenigen, die das betreiben, sind so in ihrer Kontrollsprache gefangen, daß sie in keinen Dialog über das Geschehen mehr zu verwickeln sind. Sie sind mit dem Recht auf ihrer Seite geboren, wenn man sich auf ihre Sprache einläßt. Du willst dich nicht evaluieren lassen? Das kann nur bedeuten, daß du etwas zu verbergen hast. Nur schweigend und störrisch kann man sich zu dieser Umwandlung von Lehre in Technologie verhalten.

Juden und Christen sprechen den Namen Gottes nicht zu trügerischen Zwecken aus. Jedenfalls ist ihnen das gesagt. Wenn das nicht nur ein unverstandenes religiöses Tabu sein soll, dann sagt es ja wohl, daß das Unsagbare nicht benennbar ist. Dieses Gebot hat heute wohl die Aufgabe, ein Abseits abzugrenzen. Jene plastikförmige Universalsprache, die vorgibt alle Probleme definieren und lösen zu können, leugnet die Möglichkeit und Notwendigkeit weißer Flecken im Denken und Fühlen. Das, was noch nicht sagbar und erklärbar ist, ist halt noch nicht richtig erforscht. Offenes soll bald geschlossen werden. Das Gebot, den Namen Gottes nicht zu vernutzen, beharrt darauf, daß es Löcher im Netz der totalisierenden Erklärung der Welt und der Individuen gibt. Darum ist natürlich der Glaube an Gott störend und hinderlich. Weil mit ihm die Annahme verbunden ist, daß sich nicht alles in die erklärenden und durchleuchtenden Macherstrategien der Menschen einbinden läßt. Das Gebot erinnert daran, daß die Sprache das wichtigste Wesenselement des Menschen ist. Je mehr die Sprache dem Menschen entschwindet und unter der Flut der Informationen begraben wird, desto heller und erleuchtender wird das Schweigen.

4. GEBOT

DAS RECHT AUF FAULHEIT

Der Feiertag und die Krise der Arbeitsgesellschaft

Es geht immer nur ums fehlende Glück. Warum sind Menschen traurig? – Weil das Glück fehlt. Man kann es nicht in die Hand nehmen. Ein Bierglas kann ich in die Hand nehmen und trinken, bis es leer ist. Das Glück ist mit Menschen und Stimmungen verbunden – es ist unantastbar, und es ist sehr anstrengend. Da wollen sich alle bei der Arbeit anstrengen, damit sie ein bissel Geld haben, und davon wollen sie dann das Glück kaufen. Die sollen mehr faulenzen und sich mehr ums Glück kümmern. Das ist viel wichtiger.

Herbert Achternbusch

Du sollst den Sabbat heiligen.

WEEKEND

»Du sollst den Feiertag heiligen!« heißt es bei Luther. Heilig und langweilig waren – wenn ich an meine Kindheit denke – weitgehend deckungsgleich. In mir kriecht – höre ich das Feiertagsgebot – zuerst einmal die Erinnerung an entsetzlich langweilige Sonntage mit Bratenduft pünktlich um 12 Uhr, an Spaziergänge im öden Stadtpark und das 15-Uhr-Wunschkonzert im Radio (*Reigen seliger Geister* usw.) ins Gemüt. Der rituelle Ablauf des Feiertags produzierte ein Fluchtbedürfnis, eine unterdrückte Unruhe. Alle schienen darauf zu warten, daß die Feiertagslähmung endlich vorbei sein würde. Selbst Bügelbrett und Waschbrett verfielen in eine Habachtstellung. Alles roch nach Wartesaal. Die Erwachsenen waren entschlossen, den Feiertag als Entlastung vom Druck des Alltags aufzufassen, aber die Bewegungslosigkeit, die er mit sich brachte, eröffnete weniger Freiheit, sondern drängte alle in die Nähe des Todes: Ruhe und Bewegungslosigkeit sind ja dem Tode nun einmal nahe. Jeder Sonntag schien so unter der Hand immer in die Nähe eines Totensonntags rücken zu wollen. Aus dieser bedrohlichen Ruhe flohen die Väter auf die Fußballplätze. Mütter brachten derweil die Küche wieder in Ordnung.

Unterhaltsamer war erst die abendliche Rundfunksendung, in der Jacques Königstein das *ideale Brautpaar* ermittelte. (Die RTL-Traumhochzeit vollendet heute die Idee, da wird gleich nach dem Quiz geheiratet.) Als endlich Bonanza aus der flimmernden Bildröhre heraus ins Wohnzimmer galoppierte, war der Feiertag mit seiner bedrohlichen Stille in die Schranken gewiesen. Die Familie rutschte vom Eß-Kaffee-und-Gesprächstisch in die Couchgarnitur und schaute von nun an wortlos in die gleiche Richtung. Bei sonntäglichen Verwandtenbesuchen flackerte alsbald der Apparat hinter den Tortenstücken und signalisierte, daß man sich nie mehr langweilen müsse. Opposition gegen diese *Amerikanisierung* (auch die Schlager, die das Wunschkonzert verdrängten, gehörten dazu) ging im wesentlichen von deutschtümelnden Onkels aus, die das goldene Sportabzeichen am Revers trugen und ihre sich immer wiederholenden Kriegserzählungen absonderten wie Eiter. Sie starben oder verstummten – zum Schweigen gebracht nicht, weil ihnen endlich jemand den Mund verboten hätte, sondern weil das Showbusiness mit Peter Frankenfeld, Lou van Burg und später Hans-Joachim Kulenkampff das Stammtischgeschwätz der Altvorderen durch televesives Geseiere ersetzte.

»Du sollst den Feiertag heiligen!« Die Arbeitsgesellschaft – die in den letzten dreihundert Jahren ihren atemberaubenden Aufstieg betrieb und jetzt ihren Fall erlebt – hatte dem Feiertag die Rolle einer Erholungspause zudiktiert. Eine Pause, die erst langsam erkämpft worden war – Nachwehen zeigten sich in den Sechzigern, als die Gewerkschaften Kinder von Plakaten herunterfordern ließen: *»Samstags gehört Vati mir!«* Da blies sich der Feiertag zum Wochenende auf. Das Auto, zum Allgemeinbesitz geworden, erlaubte die systematische Bekämpfung der Feiertagsruhe. Heute ist der Durchschnittsmünchner am Wochenende 500 Kilometer unterwegs. Die Reisebranche beklagt 1997 den Rückgang des Tourismus – die Wochenend- und Städtetouren allerdings verzeichnen weiteres Wachstum. Das Weekend ist längst nicht mehr der Kontrapunkt zur betriebsamen Woche, sondern ein Teil gesteigerter Betriebsamkeit. Erlebnisse – oder das, was man dafür hält – werden von Freitag abend bis Montag früh gesammelt, wie früher Porzellantassen. Ein unstillbarer Hunger, eine Art Erlebnisbulimie, treibt die Menschen in Autos und Züge. Das Wochenendticket der Bundesbahn, das es erlaubt, für ein paar Mark so weit zu fahren, wie man will, hat Heerscharen auf den Weg gebracht, die zum

Einkaufs- und Schaufensterbummel von Stuttgart nach Frankfurt unterwegs sind, während die Hessen den Schwaben einen Besuch abstatten, und das, obwohl sich die Einkaufsschluchten in Frankfurt und Stuttgart nicht unterscheiden. Ein Volk auf der Flucht vor dem Feiertag.

Unter der Hand hat sich dabei der Übergang von der Arbeitsgesellschaft zur Konsumgesellschaft vollzogen. Der Feiertag war in den Zeiten, in denen der normale Mann lang und anstrengend arbeiten mußte und die Frauen Haushalt und Kinder noch ohne maschinelle Hilfen bewältigten, ein Spartag. (Dabei ist vor allem an die fünfziger Jahre, das goldene Zeitalter der Kleinfamilie, zu denken.) Man sparte die benötigten Kräfte wieder an – der Feiertag war das Pendant zur erschöpfenden Arbeitsgesellschaft, die Fleiß, Pünktlichkeit, Ordnung und Sparsamkeit forderte. Und so erholte man sich sonntags gehorsam für die Anforderungen des Montags. Als aber die Arbeitszeit schrumpfte und die körperlich anstrengenden Arbeiten weniger wurden, erschlaffte der Zwang zur Sonntagssparsamkeit. Ein neuer Imperativ drängte sich in den Vordergrund: *Verbrauche und erlebe!* Aus dem Tag, an dem man neue Kräfte zu sammeln hatte, wurde das verbrauchsorientierte Wochenende.

»Du sollst den Feiertag heiligen!« Das konnte einmal gelesen werden als die Hausaufgabe, die der Chef einem für den Sonntag mit auf den Weg gab. In der Freizeitgesellschaft ist der Feiertag unter das Diktat der fortgesetzten Anstrengung geraten, die Wochenendstaus sind exzessiver als alles, was die Rush-hour zu bieten hat. Die Erfüllung dieser gierigen Betriebsamkeit bietet jenes Reiseunternehmen, das für die Jahrtausendwende Concordeflüge organisiert, mit denen man die Stunde Null zweimal (in Paris und Washington) erleben kann.

SABBAT

Was war denn, so muß man an dieser Stelle fragen, mit diesem Feiertagsgebot eigentlich gemeint, das uns heute eher an Spinnweben, die sich über das Leben legen, an Sonntagskleidung und Kirchgang denken läßt, gemeint? *Erinnere dich des Sabbattages, um ihn heilig zu halten!* – so müßte eine genauere Übersetzung lauten. Es geht beim Sabbatgebot ursprünglich überhaupt nicht um Ruhe und Erholung, darauf hat Erich Fromm hingewiesen. Das kann man schon daran sehen, daß das Verbot zu kochen und zu backen, das Verbot, aus dem Hause zu gehen oder Feuer anzuzünden, ja nicht einen gemütlichen Ruhetag inszeniert, sondern eine Erschwernis des Alltags zur Folge hat. Die Sabbatgebote sind den Trauer- und Bußriten näher als dem Festtag. Vermutlich sind ja alle Zehn Gebote einmal als Verbote formuliert gewesen: *»Du sollst nicht arbeiten!«*, das wollte sagen: Die Arbeit, die immer eine Einwirkung auf die Natur ist (zum Beispiel als Bearbeitung des Bodens), soll unterbrochen werden. Die Natur wird im Sabbatgebot für *Tabu* erklärt. *»Das also, was ursprünglich in erster Linie am Sabbat verhütet werden sollte, war... die inzestuöse Bezwingung der Mutter Erde, wie der Natur überhaupt, durch den Menschen.«* (Erich Fromm)

Die Bibel selbst gibt zwei verschiedene Erklärungen, weshalb das Sabbatgebot gegeben ist. Einerseits soll es an den Auszug des Volkes Israel aus Ägypten erinnern (5. Mose 15,23), andererseits soll es an die Ruhe Gottes am siebten Tag nach der Schöpfung anknüpfen (2. Mose 10,11). Natürlich kann damit gar nicht gemeint sein, daß Gott nach sechs Tagen Arbeit erschöpft eine Ruhepause einlegen muß. Das wäre eine Gotteslästerung. Erich Fromm meint, daß die Ruhe Gottes eine versteckte – sonst sorgfältig getilgte – Erinnerung an den Tod Gottes, des Vaters, ist. (Die Nähe von Ruhe und Tod hatten wir schon herausgehoben.) Dann würde das Sabbatgebot auf die Tötung des Vaters in der Urhorde verweisen. (Diese Ermordung des Vaters durch die Söhne in der Urhorde und die Eroberung der Mutter gehört zu Sigmund Freuds zentralen Thesen, denen Fromm hier folgt.) Das würde die Rigorosität der Sabbatgebote erklären und die eigentümlich-blasphemische Idee, daß ein erschöpfter Gott nach sechs Tagen Tätigkeit Ruhe braucht – weil tatsächlich ja versteckt vom Tod des Vaters geredet wird.

Zugleich aber sind mit dem Sabbatgebot auch schon biblisch, besonders aber im späteren Judentum, Heiterkeit und Lust verbunden: Zum Sabbat gehören Essen, Mittagsschlaf und Sexualität. *»Wisse und glaube, daß einer, der den Beischlaf in den Sabbatnächten vollzieht, gerechte Söhne bekommt, würdig für das Leben der Kommenden Welt«*, heißt es bei Josef Gikattila, der 1248 geboren wurde und für die kabbalistischen Schriften des Judentums zentrale Bedeutung hat. Das würde bedeuten, daß der Verzichtcharakter des Sabbats nur die eine Seite der Sache ist, daß darüber hinaus und zugleich im Arbeitsverbot auch die Wiederherstellung des paradiesischen Zustandes gemeint ist. Im Sabbat ist der Harmonie des Menschen mit der Natur und der *»Rückkehr in den Mutterleib«*, wie Erich Fromm sagt, gedacht.

Dem widerspricht der religionsgeschichtliche Befund nicht. Der regelmäßige Ruhetag ist auch außerhalb des Dekalogs und wohl vor ihm in der hebräischen Bibel geboten (z. B. 2. Mose 23,12). Das Volk Israel war auch gehalten, alle sieben Jahre die Äcker ruhen zu lassen. Das war nicht ökologisches Kalkül, sondern eine Verbeugung vor der Schöpfung. Vermutlich hat es anfänglich einen Vollmondstag mit dem Namen »Sabbat« gegeben, der erst später (im babylonischen Exil) mit dem siebten Tag – dem schon gewohnten Tag der Ruhe – zusammengeflossen ist. Von da aus wird der Blick dann über das jüdische Exil zurückgelenkt in den babylonischen Kult, der die herausgehobenen »Sabattu«-Tage kennt, das sind »böse Tage« und damit zur »*Vollbringung irgendeiner Sache nicht geeignet*« (F. Delitzsch). Auch so schimmert der Sabbat als ein Tabutag durch.

Das Feiertagsgebot, das in unseren Tagen auf die Diskussion um Ladenöffnungszeiten heruntergekommen ist, war einmal in einen sehr ernsten, geradezu gefahrbringenden religiösen Kontext eingeschrieben, bei dem die Verletzung dieses Gebotes den Zorn und den Bann Gottes heraufbeschwören konnte.

Es bleibt zu ergänzen, daß aus dem Sabbat der jüdische »Schabbes« und daraus in der deutschen Sprache der »Samstag« wurde. Das Christentum bezog das Feiertagsgebot auf den Sonntag, den Tag der Feier der Auferstehung Jesu. Entschließt man sich, Fromms psychoanalytischer Deutung zu folgen, dann taucht hier wieder die Erinnerung an die Tötung des Vaters auf, die allerdings durch die Erinnerung an die Auferstehung des Sohnes symbolisch rückgängig gemacht wird. Der Sabbat schillert also: Triebversagende und triebbefriedigende Züge begleiten den Sabbat und den Sonntag und verleihen beiden einen ambivalenten Charakter. Der puritanisch-düstere Sonntag hat einen Geschmack, der an die babylonischen »bösen Tage« erinnert, während der jüdisch-chassidische Sabbat von einer heiter-bejahenden Stimmung getragen ist. In einem Text der Kabbalah gibt es eine schöne Beschreibung der Seligkeit des Sabbat: Ein heiliger Punkt – so heißt es – ist es, dessen Geheimnis die Welt erhält. Sechs Tage ist dieser Punkt verborgen: »*Wenn aber der Sabbat eintritt, steigt jener Punkt sofort empor und krönt sich und hält sich oben an, und sie alle bergen sich in ihm ... Wenn dieser ... Punkt emporgestiegen ist ..., dann findet sich Oben und Unten jegliche Freude ein und alle Welten befinden sich in Freude. In dieser Sabbatnacht verbreitet dieser*

Punkt Licht und breitet seine Flügel über alle Welt aus, alle fremden Herrschaften werden aufgehoben und Behütung liegt über der Welt. Dann wird in Israel jedem einzelnen eine Geistseele hinzugefügt, und durch diese zusätzliche Geistseele vergessen sie alles Leid und allen Grimm und es findet sich Oben und Unten nur mehr Freude vor. Dieser Geist, der herabkommt und den Weltbewohnern hinzugefügt wird, wäscht sich, wenn er herabsteigt, im himmlischen Garten von Eden, steigt herab und verweilt auf dem heiligen Volk. Glücklich sind sie, wenn dieser Geist erwacht!« (Aus dem Sefär ha-Zohar, einer kabbalistischen Schrift aus dem frühen Mittelalter.)

HEILIGEN? WIE HEILIGENSCHEIN? WIE SCHEINHEILIG?

So fremdartig der Text ist, sosehr mag er die wehmütige Erinnerung daran herbeirufen, daß moderne Weekendbetriebsamkeit den Ernst des Sabbatgebotes verschüttet hat. Die Erinnerung an den Sabbat hat eine ambivalente Mitteilung über den Sinn dieser Feier nahegelegt: Die Gewalt, die der Natur angetan wird, soll einerseits am siebten Tage unterbrochen werden, und die Unterbrechung erlaubt andererseits eine geisterfüllte, von der Plackerei des Alltags entlastete Heiterkeit. Wenn es bei Luther heißt: *»Du sollst den Feiertag heiligen!«*, dann ist da etwas verlangt, was den modernen Menschen ja gar nicht mehr gelingen kann. Da sie sich mit großem Pathos von Gott verabschiedet haben, ist ihnen zugleich der Begriff des »Heiligen« verlorengegangen. Den Feiertag heiligen? Der Begriff wird ja fast nur noch benutzt, wenn vom *Heiligenschein* die Rede ist, wenn also von etwas eher Aufgesetzt-Unglaubwürdigem die Rede ist. Das Heilige kommt nur noch als Scheinheiliges vor. Wahrscheinlich denken die meisten bei »heilig« heute an weiße Firmungskleidchen, Firmungskerzen, an Barockaltäre und an Stille Nacht, heilige Nacht. Der Begriff *heilig* ist ruiniert. Ein Wort im Exil, auf dem Müllhaufen der Geschichte, verdrängt von den Plastikwörtern der Informationsgesellschaft, die kommuniziert, informiert, virtualisiert, organisiert – aber eben nicht *heiligt*. Ein befremdendes Wort. Solange die Welt als Schöpfung begriffen wird, kann auch von ihrer Heiligung die Rede sein, wenn sie zu einem System verkommen ist, kann man dieses Gebilde optimieren, aber nicht mehr heiligen.

Ostern 1998: Am Karsamstag, an dem die Christen des Todes Jesu gedenken, bietet RTL den Film: Cliffhänger – Nur die Starken überleben.

Das lateinische Wort für heilig war sanctus. Damit war das religiös Abgesonderte bezeichnet. Was vor dem heiligen Bezirk liegt ist *profan* (pro fanum, fanum ist der Bezirk). Im Germanischen nutzten die ersten Missionare den Begriff *hailagaz* mit der Bedeutung »eigen, zueigen«, um sanctus zu übersetzen. Das *Faszinierende* und das *Erschreckende* ist in allen Religionen mit dem Heiligen verbunden. In der Frühgeschichte des Menschen war wohl der ganze Lebensraum als heilig aufgefaßt, jedenfalls war das Religiöse nicht auf Bezirke begrenzt: Alle Vollzüge des Lebens ereigneten sich in sakralen Räumen: die Arbeit, die Jagd, der Ackerbau. In Quellen, Hainen, auf Bergen wurde die Gegenwart des Heiligen vermutet. Das Heilige wurde als eine Macht erfahren, nicht als etwas Ruhendes. Das Heilige hatte geradezu etwas Unberechenbares. Göttliche Heiligkeit konnte immer und überall in den Alltag einbrechen. Erst später scheiden sich profane und heilige Orte. Der Tempelbezirk (arabisch Harâm!) wird zum Ort, an dem andere Maßstäbe gelten. Alles, was vom Heiligen in Beschlag genommen wird, ist dem gewöhnlichen

Gebrauch entzogen. Sich an ihm zu vergreifen, beschwört eine tödliche Gefahr herauf.

Wenn etwas *geheiligt* wird, dann denken vorneuzeitliche Menschen nicht an harfespielende, choralsingende und blondgelockte Engelchen, sondern an die faszinierende und erschreckende religiöse Macht, die sich wie eine Lawine, wie ein Donnerschlag ausbreitet. Wenn Luther übersetzt: *»Du sollst den Feiertag heiligen!«*, dann klingt das schon ganz modern – als würde es sich um eine Tat des Menschen handeln, während ursprünglich aber die Ehrfurcht vor dem Sakralen gemeint ist. Das Heilige ist ursprünglich auch nicht mit dem Sittlichen verbunden gewesen. Das Heilige ist viel eher eine Energie, von der Fluch und Segen ausgehen können – mit einem Moralkodex ist das Heilige nicht verknüpft. Das Artige, das Brave, das dem Feiertagsgebot heute anhaftet, ist ihm anfänglich ganz fremd. Der Schauer, nicht der Duft des Sonntagsbratens gehört zum Feiertagsgebot.

Augustin sagt, das Leben sei ein Kampf zwischen dem Wesentlichen und einem »Sturm von frivolen Gedanken«. Der Blick auf das, was heute aus dem Feiertag geworden ist, zeigt, daß wir das Wesentliche im Namen des Bedeutungslosen niedergeschlagen haben. Den Feiertag zu heiligen ist uns ganz unmöglich geworden, weil wir – wie gesagt – gar keinen Begriff vom Heiligen mehr haben. Der Feiertag hat in der Blüte der Arbeitsgesellschaft seinen Sinn daraus gezogen, daß er der Kontrapunkt zum anstrengenden Arbeitsalltag war. Nun vermischen sich aber längst Arbeit und Freizeit. Damit entsteht ein neuer Menschentyp: *»der hyperaktive Nichtstuer, der immer in Alarmbereitschaft ist, bereit zum Erstürmen des Amüsierbabel. Intelligente Ferien, ein dynamisches Nichtstun, angewendeter Hedonismus, ein ständiges In-Bewegung-Sein durchbricht die klassische Unterscheidung zwischen Jubel und Monotonie, zwischen Feiern und Alltagswerk.*

Und ebenso wie die Arbeit zum letzten Refugium der Elite zu werden droht – die Herablassung, mit der der Patrizier auf die Arbeit blickte, hat sich in einen Lobpreis gewandelt –, ist es möglich, daß die Freizeit bald zum Fluch der Armen wird, zum Schicksal eines zu Brot und Spielen verdammten Plebs.« (Bertrand Russell)

Die Arbeitsgesellschaft hatte den heiligen Sabbat zum Ausruhtag degradiert. Radiert die Krise der Arbeitsgesellschaft, die den Arbeiter ohne Arbeit zum Massenphänomen macht, den Sabbat-Feiertag endgültig aus? Kippt die Schöpfungsgeschichte geradezu um, weil die Aufforderung zur Sabbatheiligung absurd ist, wenn ohnehin die Arbeit für die meisten aufgehört hat? Wird aus den sechs Werktagen und dem einen Sonntag ein sechstägiger Sabbat, der von einem gelegentlichen Arbeitstag unterbrochen wird? Und was dann?

DIE MENSCHEN WAREN SO FLEISSIG, DASS SIE VERDUMMTEN

Der *Mensch verschwindet aus der Arbeitswelt wie das Pferd aus der Landwirtschaft.* Das hat einer gesagt, der es wissen sollte: der Nobelpreisträger für Ökonomie Wassily Leontief. Ob dieser Mensch, der in der Welt der Arbeit überflüssig geworden ist, allerdings ein Gnadenbrot bekommt, das weiß man noch nicht. Die Alarmsirenen heulen über Europa: Der Arbeitsgesellschaft geht die Arbeit aus. Mindestens 300 Jahre lang haben die Europäer sich als Homines laborantes, als arbeitende Wesen, verstanden. Nun wird dieser europäischen Arbeitsgesellschaft das Rückgrat gebrochen. Die Zahl derer, die nicht mehr gebraucht werden, wächst in allen europäischen Ländern, mehr als 20 Millionen Menschen in der Europäischen Gemeinschaft sind arbeitslos.

Es sieht fast so aus, als würde sich die Sache umkehren:

Nicht mehr sechs Tage Arbeit und ein Tag der Ruhe sind die Regel, sondern der (unfreiwillige) Dauerfeiertag breitet sich aus, der nur dann und wann von ein bißchen Arbeit unterbrochen wird. Der Sabbat als Verhängnis, als Zwang, der sich auf die legt, die nicht mehr gebraucht werden.

Mancher zog sich – als die große Arbeitslosigkeit begann – immer noch morgens den grauen Mantel an, steckte sein Frühstücksbrot in die braune Aktenmappe und verabschiedete sich mit einem flüchtigen Kuß, um dann auf einer Parkbank den Tag zu verwarten. Die Nachbarn sollten nicht merken, daß man längst hinausgeworfen worden war. Inzwischen ist Arbeitslosigkeit ein normales Schicksal, das freilich viele, die betroffen sind, keineswegs als normal, sondern als ruinös-deprimierend wahrnehmen. Gerade bei Älteren löst Arbeitslosigkeit ein Gefühl aus, als wäre die Lebenslinie gebrochen.

Wieso warf der Mann nicht kurzerhand die Aktenmappe ins Gebüsch, hängte den grauen Mantel in den Keller und genoß fortan die Befreiung vom Joch der Arbeit? *Die Moral der Arbeit ist doch eine Sklavenmoral, und in der neuzeitlichen Welt bedarf es keiner Sklaverei mehr* – hat der englische Philosoph Bertrand Russell schon gesagt. Es ist nicht nur die Sorge um die Raten für das Haus und das Auto und den Fernseher, die ihn, den arbeitslos gewordenen Fünfzigjährigen, umtreibt: Tief eingewurzelt ist bei ihm der Gedanke, daß man Mensch nur ist, wenn man arbeitet. *Wer nicht arbeitet – soll auch nicht essen.* Das ist seine Devise. Das abendliche Bier kann richtig zischend nur genossen werden, wenn zuvor der Stein des Sisyphos ein paar Mal den Berg hinaufgewälzt wurde. Ein wohl*verdienter* Feierabend, nur den kann es geben, sonst – so wird befürchtet – landet man in der Gosse. *»Man muß alls was zo du ho«*, sagt der Vogelsberger Hesse. *Man muß immer etwas zu tun haben.* Die innere Tretmühle darf nicht stillstehen, sonst … Ja, was eigentlich sonst?

Warum eigentlich kein Aufatmen, kein jauchzender Abschied von der Zwangsidee der Arbeit? Warum kein Chor, der schmetternd das Lob der Faulheit singt? Fürchtet man, daß aus dem Inneren dann barbarische Kräfte hervorbrechen, daß ein Hexensabbat beginnt, der aus den braven Arbeitstieren reißende Wölfe macht?

»*Vor ungefähr zweihundert Jahren*« – so wird in einer Geschichte aus dem Fernen Osten erzählt – »*ging einmal ein Herr, der nicht weit von hier in einem großen Haus wohnte, auf den Markt und sah dort einen Teufel in einem Käfig. Es war ein Teufel mit Schwanz, gelbem Fell und zwei langen, scharfen Fangzähnen. Er war ungefähr so groß wie ein kräftiger Hund. Der Teufel hockte ruhig in seinem Käfig aus starkem Bambusrohr und nagte an einem Knochen. Neben dem Käfig stand ein Marktverkäufer, und der Herr fragte ihn, ob der Teufel zu kaufen sei.*

›Aber ja‹, sagte der Händler, ›sonst wäre er ja nicht hier. Das ist ein vortrefflicher Teufel. Er ist stark und fleißig und kann alles, was Ihr von ihm verlangt. Er versteht zu zimmern, er ist ein guter Gärtner, er kann kochen, Holz hacken, vorlesen, und was er nicht kann, das kann er lernen. Und ich verlange nicht viel dafür. Wenn Ihr mir 50 000 Yen gebt, gehört er Euch.‹

Der Herr handelte nicht und zahlte bar, denn er wollte den Teufel sofort mit nach Hause nehmen.

›Einen Augenblick‹, sagte der Händler. ›Weil Ihr nicht mit mir gefeilscht habt, will ich Euch etwas sagen. Schaut, er ist natürlich ein Teufel, und Teufel sind schlecht, das ist ja bekannt.‹

›Und du hast gesagt, er sei ein vortrefflicher Teufel‹, sagte der Herr empört.

›Ja, ja‹, sagte der Händler, ›und das stimmt auch. Er ist ein vortrefflicher Teufel, aber er ist schlecht. Er wird ewig ein Teufel bleiben. Ihr könnt an ihm viel Freude haben,

aber nur unter einer Bedingung: Ihr müßt ihn die ganze Zeit beschäftigen. Jeden Tag müßt Ihr ihm sein Tagewerk aufgeben: Von dann bis dann mußt du Holz hacken, dann mußt du zu kochen anfangen, nach dem Essen kannst du dich eine halbe Stunde ausruhen, aber du mußt dich wirklich hinlegen und entspannen, und danach kannst du den Garten umgraben und so weiter. Wenn er freihat, wenn er gar nicht weiß, was er tun soll, dann ist er gefährlich.‹

›Wenn's mehr nicht ist‹, sagte der Herr und nahm den Teufel mit. Und alles verlief nach Wunsch. Jeden Morgen rief der Herr den Teufel zu sich; der Teufel kniete gehorsam nieder, der Herr gab ihm sein Tagewerk auf, und der Teufel machte sich an die Arbeit und schuftete den ganzen Tag. Wenn er nicht arbeitete, ruhte oder spielte er, aber stets befolgte er die Befehle.

Dann, einige Monate später, traf der Herr in der Stadt einen alten Freund, und über der Freude des unverhofften Wiedersehens mit einem früheren Gefährten vergaß er alles andere. Er nahm den Freund mit in ein Wirtshaus, beide tranken Wein, einen kleinen Steinkrug nach dem anderen, dann aßen sie ein gutes Mahl und tranken noch mehr, und schließlich landeten sie im Weidenviertel. Die Frauen hielten die beiden Freunde beschäftigt, und spät am nächsten Morgen wachte der Herr in einer fremden Kammer auf. Zuerst wußte er nicht, wo er war, aber allmählich dämmerte ihm alles, und sein Teufel fiel ihm wieder ein. Sein Freund war gegangen. Er bezahlte die Frauen, die auf einmal ganz anders aussahen, als er sie vom vergangenen Abend in Erinnerung hatte, und eilte nach Hause. Als er an seinem Garten ankam, roch er Feuer und sah Rauch aus der Küche aufsteigen. Er stürmte ins Haus und sah den Teufel auf dem Holzfußboden der Küche sitzen. Er hatte ein Feuer entfacht und röstete das Nachbarskind an einem Spieß. (van de Wetering)

Wenn die Tretmühle stehenbleibt, dann kann es gefährlich werden. Das ist offenbar auch die Aussage dieses östlich-asiatischen Textes. So wie die Ruhe des Weihnachtsfestes erfahrungsgemäß die heftigsten Familienauseinandersetzungen heraufbeschwört, so mag die Arbeitslosigkeit der Zeit vor 1933 die Deutschen für den Faschismus bereitet haben.

Mä muß alls was so du ho. Das ist der beschwörende Spruch, mit dem der Blick der Menschen davon abgelenkt wird, daß sie längst bei lebendigem Leib gestorben sind. Die Arbeit garantiert die angestrengte Ordnung der Welt; sonst hören die Männer womöglich auf, samstags den Rinnstein zu kehren, weigern sich, den Weihnachtsbaum zu schmücken und fallen am Ende gar über die Töchter her. *Arbeit macht frei,* sagte der schmiedeeiserne Lügenspruch denen, die durch das Eingangstor in das Konzentrationslager von Auschwitz getrieben wurden. Weil das Leben der deutschen Männer und Frauen unter dem Arbeitsimperativ verdorrt war, fiel es ihnen nicht auf, daß Millionen ihrer Nachbarn verschleppt wurden, um durch Arbeit vernichtet zu werden.

Seitdem die Ordnung der Welt nicht mehr durch Gott, sondern durch den Tretmühlenfleiß der Menschen gewährleistet ist, ist die Arbeit zur eisernen Klammer um die Person geworden. Sie ist das Korsett der Individuen, das die wie Fettpolster hervorquellenden Wünsche zurückzwängt. Nun aber stolpern wir in eine neue Welt hinein, in der das Korsett ausleiert. Die dritte industrielle Revolution entläßt die Menschen aus Fabrikhallen und Bürotürmen. Sie stehen staunend und unsicher auf den Treppen und wissen mit der neuen Freiheit erst einmal nichts anzufangen. Die Personen wurden von dem inneren Motor der Arbeitsethik in Gang gehalten. Sie waren überarbeitet und unterbildet. *Die Menschen waren so fleißig, daß sie verdummten* – meint Oscar Wilde. Das stimmt jedenfalls insoweit, als die Möglichkeit, sich selbst zu einer Person zu bilden, verschüttet war. Die Person wurde geschmiedet. Charakter ist ein griechisches Wort und heißt Brandmal. Der Charakter also war ein inneres Brandmal, das die Gesellschaft den Individuen unter ihren Schmerzensschreien aufzwang. Sie verstanden sich schließlich als Subjekte, die Arbeitskraft abzusondern hatten wie Raupen den kostbaren Seidenfaden. Noch wird heute von Arbeitgebern und Gewerkschaftlern versucht, die alte Arbeitsethik zu rehabilitieren und die Identifikation mit der Arbeit aufzupäppeln.

Aber die Geschichte der Lohnarbeit war eine Gewaltgeschichte. Erinnern wir uns. Auf dem ersten Wohltätigkeitskongreß in Brüssel 1857 erzählte Herr Scrive, einer der reichsten Manufakturisten aus Lille, unter dem Beifall der Kongreßmitglieder: »*Wir haben einige Zerstreuungsmittel für Kinder eingeführt. Wir lehren sie während der Arbeit zu singen, während der Arbeit zählen. Das unterhält sie und läßt sie mutig die 12 Stunden Arbeit antreten, welche nötig sind, um ihnen ihren Lebensunterhalt zu verschaffen.*« Der Kongreßteilnehmer, der diese Worte überliefert, bedauert, daß es keine Hölle gibt, in welche man diese Christen, diese Philanthropen, diese Henker der Kindheit spedieren kann. Die Dressur zur Arbeit, auch das darf man nicht vergessen, begann damit, daß es ein Arbeitshaus in Amsterdam gab. In dessen Keller stand eine Tretmühle, in die Menschen eingeschlossen wurden, die nicht arbeiten wollten. Dann wurde der Keller geflutet, und die Eingesperrten mußten die Tretmühle bedienen, um das Wasser aus dem Keller zu pumpen. Sonst mußten sie ertrinken. Mit solchen Mitteln ist der Zwang zur Arbeit verinnerlicht und allmählich in die Seelen der Menschen eingebrannt worden.

NEUE ZWANGSIDEEN NACH DEM ENDE DER ARBEITSGESELLSCHAFT?

Daß viele Menschen sich heute innerlich leer fühlen, daß ihnen Orientierung und Richtung ihres Lebens entglitten sind, hängt vermutlich damit zusammen, daß diese Zwangsidee »Arbeit« längst sinnlos geworden ist. Das fühlen die Menschen, aber sie sind irritiert, weil sie noch nicht wissen, was sie machen sollen, nachdem die Mutter »Arbeit« sie verlassen hat. Neue Zwangsideen wollen an die Stelle treten und die innere Leere übertönen: Freizeit wird zur Ersatzarbeit. Body-Styling und Rekordschinderei lösen die Lust am Spiel und Sport ab.

Ich bin süchtig. Ich brauche Stoff. Viel Adrenalin. Also springe ich jetzt von dieser Brücke. Mit zittrigen Beinen klettere ich auf eine schmale Rampe. Nur noch zwei Meter bis zum Abgrund. Der Blick nach unten in eine gähnende Schlucht verschlägt mir für Sekunden den Atem. Mein Puls rast, ich habe Todesangst. Langsam kippe ich mit dem Oberkörper nach vorn und lasse mich kopfüber fallen. Der steinige Boden rast scheinbar mit 100 Sachen auf mich zu. Ich halte es nicht mehr aus, ich muß schreien. Plötzlich wird mir schwarz vor Augen. Ich spüre einen stechenden Schmerz in der Wirbelsäule, als das mit Klettverschlüssen an meinen Knöcheln befestigte Gummiseil meinen rasenden Fall abbremst. Ich werde nach oben gerissen, durch die Luft gewirbelt, und habe keine Kontrolle mehr über meinen Körper. Dann ist alles vorbei. Kopfüber hänge ich an meinem Bungeeseil.

Die Menschen scheinen in der Freizeit den Betrieb zu suchen, der ihnen sonst verlorengegangen ist. Die einzige Richtung, die noch verblieb, ist der Sprung in die Schlucht. Der Ruck, den das Gummiseil auslöst, soll das Eis von der Seele sprengen. Die Bungeespringer sind die zeitgenössischen Sinnsucher, aber es ist ein kläglicher, ein armseliger Sinn. Ein Sprung in den Abgrund eben. Eine Mutprobe, bei der der Kopf bezeichnenderweise nach unten zeigt. Es wäre hilfreicher, wenn statt dessen der aufrechte Gang geübt würde.

Der Untergang der Arbeitsgesellschaft droht – wie man sieht – auch das mit in die Tiefe zu reißen, was einmal die *Person* war. Charakter wird zum Ballast, der für das Überleben in den neuen Lagen nur hinderlich ist.

Die Person wird da zur inneren Wohngemeinschaft, zu einem Set von Sensoren, der darauf trainiert ist, zu rezipieren, was als modisch vorgeschrieben wird.

Der Abschied von der Arbeitsgesellschaft, der die Chance zu einer neuen Freiheit sein könnte, will nicht gelingen. Der stählerne Charakter des Arbeitsmenschen versaftet in einem Gemütsbrei, aus dem keine Therapie und kein Fitneßgerät mehr einen Menschen, eine Person zu schmieden imstande sein wird. Die Menschen flüchten aus dem alten Sinngehäuse, das die Arbeitsgesellschaft bot. Hinter ihnen die rauchenden Trümmer der alten Ordnung.

Hilfreich könnte die Erinnerung sein. Die Arbeitsgesellschaft hat die Menschen zugespitzt und gehärtet wie einen Pfeil, der auf ein Ziel gerichtet war: den arbeitsfähigen Menschen. Das hat die Menschen gegeneinander isoliert, sie mißtrauisch, konkurrierend und zur Freundschaft unfähig gemacht. Wir sind voneinander immer unabhängiger geworden, während die Abhängigkeit vom Ganzen wuchs. Der Zusammenbruch dieser alten Welt bietet auch die Chance, den Prozeß wieder umzukehren, bietet die Chance neuer Freundschaft, um nicht zu sagen neuer Solidarität unter den Menschen. Dies natürlich nur, wenn die Arbeit als knapp gewordenes Suchtmittel entlarvt wird und die Person nicht im Flachsinn der Freizeitgesellschaft sich auflöst. Es empfiehlt sich die Erinnerung an den Philosophen in der Tonne. *Nur ein Mensch, der keiner regelmäßigen Tätigkeit nachgeht, in keine Geschäfte verwickelt ist und keine äußere Verantwortung trägt, kann glücklich sein.* So Diogenes.

5. GEBOT

ZWISCHEN DEN GENERATIONEN

Auf dem Weg zur Tortenschlacht?

Einer gab seinem Vater fettes Geflügel zu essen, und er kam dennoch in die Hölle. Ein anderer spannte seinen Vater an die Mühle an, und er erwarb sich trotzdem das Paradies.
Wie hatte es sich im ersten Fall zugetragen?
Ein Mann ernährte seinen Vater mit fettem Geflügel. Als der Vater einmal fragte, wie er sich denn das teure Geflügel leisten könnte, wies ihn der Sohn ab: »Du, Alter, friß und kau' – so wie die Hunde fressen und kauen!«
So hatte der Mann zwar seinen Vater mit fettem Geflügel ernährt; er kam aber dennoch in die Hölle.
Im zweiten Fall ging es folgendermaßen vor sich:
Ein Mann war damit beschäftigt, in der Mühle zu mahlen. Da kamen die Häscher, um den Vater zur Zwangsarbeit für die Regierung zu holen. Der Sohn aber sprach zum Vater: »Vater, mahle für mich. Wenn es nämlich bei der Zwangsarbeit zu Beschämungen kommt, sollen sie lieber mir als dir geschehen. Wenn es zu Schlägen kommt, sollen sie lieber mich als dich treffen.«
So geschah es, daß er zwar seinen alten Vater an die Mühle spannte, sich aber trotzdem das Paradies erwarb.
(Eine rabbinische Geschichte)

Du sollst deinen Vater und deine Mutter ehren.

ENDLICH EINEN VERWANDTEN ERSCHLAGEN

Die Tupinambá sind Kannibalen gewesen. Sie haben im 16. Jahrhundert an der Atlantikküste Südamerikas gelebt, sind früh den weißen Ankömmlingen zum Opfer gefallen und heute ausgerottet. Der brasilianische Ethnologe Eduardo Viveiro de Castro hat sich mit dem Kannibalismus der Tupinambá befaßt und ihn als Entlastung aus drückenden familiären Verhältnissen gedeutet. Die Tupinambá standen unter einem starken gesellschaftlichen Zwang zur Verständigung mit ihren Verwandten. Im kannibalischen Ritual befreiten sie sich von diesem Druck, indem sie eine radikale Absage an die Verwandtschaft inszenierten. Wie geschah das? Nun – sie erklärten einen Kriegsgefangenen zuerst zum Verwandten. Der Gefangene wurde darauf mit einer der Frauen verheiratet. Dann aber, nachdem der Gefangene eine Weile friedlich als Verwandter bei ihnen gelebt hatte, töteten sie ihn feierlich und aßen ihn auf. Die Frauen spielten bei diesem Ritual eine besondere Rolle, indem sie den Gefangenen – den formell Verwandten – verhöhnten und peinigten. Der Gefangene seinerseits durfte sich wehren und die Frauen mit kleinen Steinchen bewerfen. Es scheint in diesem Ritual – so der Marburger Ethnologe Mark Münzel – der Antagonismus der Geschlechter dramatisiert worden zu sein: Die Frauen brachen aus der Verpflichtung aus, mit den Männern Frieden zu halten. Der Mann durfte sich vor seiner Hinrichtung endlich an den Frauen rächen. Will sagen: Der Zwang zum Verwandtschaftsfrieden wird ertragen, indem man einen kannibalistischen Exzeß inszeniert und endlich einen Verwandten erschlagen und fressen kann. Ein radikaler Ausweg aus den Konflikten zwischen Geschlechtern und Generationen.

In einem Studio hoch über der Kärntnergasse in Wien war ich Gast einer österreichischen Fernsehsendung zum

Thema »Generationenkonflikt«. Unsere Talk-Runde inszenierte sich vor einer grandiosen Kulisse: Die bis zum Boden reichenden Fenster eröffneten den Blick auf den hell angestrahlten Stephansdom und auf die glitzernde Wiener Innenstadt. Auf der Höhe der Kirchentürme saßen wir um einen runden Tisch. Der Generationenkonflikt hatte in Österreich soeben aktuelle Schärfe durch die Renitenz der Beamten bekommen. Die wollten im Rahmen einer notwendig gewordenen Rentenreform auf keines ihrer Privilegien verzichten. Und da saßen nun Vertreter der Seniorenverbände, der Gewerkschaften, der Frauenvereinigungen, der Beamten, der Wirtschaft und der Wissenschaft und sollten sich streiten.

Der hoch über der Gasse schwebende Tisch schien den alten Familientisch zu ersetzen. An diesem Tisch waren in den letzten Jahrhunderten die meisten Konflikte zwischen Verwandtschaften und zwischen den Generationen ausgetragen worden. Dieser Tisch scheint nicht mehr zu existieren, die Fernsehinszenierung ersetzt ihn. Dabei war diese ehemals um den Tisch versammelte Verwandtschaft keineswegs eine idyllisch-harmonische Assoziation. Hart wurden bisweilen die Interessen gegeneinander ausgespielt: Hier die Alten, die abgeben sollten, da die Jungen, die endlich ans Ruder wollten. In Pommern hat man noch im 19. Jahrhundert den Alten, die zulange auf dem Altenteil saßen, bisweilen das *Altensitzpulver* zugeschoben: Das war Arsen, in den Tee gemischt. Der Ort, an dem die Konflikte der Generationen ausgetragen wurden – friedlich oder unfriedlich –, war aber die Familie, die Verwandtschaft.

Heute ist der Generationenkonflikt aus dem familiären Milieu in den öffentlichen Raum – in die Politik, zu den Medien – gewandert. Damit wird aus dem bisweilen heißen Generationenkonflikt eine eher eisige Auseinandersetzung zwischen Lobbyisten. Eltern und Kinder standen bisher prinzipiell in einem Verhältnis gegenseitiger Verantwortung zueinander (die nicht immer wahrgenommen wurde!). Das Gebot: »Du sollst deinen Vater und deine Mutter ehren!« rückte dieses Verhältnis der Generationen in einen moralischen Kontext. Harte Konflikte haben sich unter dem Dach dieses Verantwortungsgebotes abgespielt. Das Gebot hat sich verkürzt und lautet nun: *Du sollst deine Eltern anständig versorgen, wenn sie alt sind!* Das hat das alte Gebot zwar mitgemeint, aber es sprach eben nicht nur über die Technik des Umgangs mit den Alten, sondern auch über die nicht materialisierbare Ehrerbietung – für die wir heute nur schwer Gründe finden.

Hier in der Fernsehrunde zückt jeder seine Argumente, um den Anteil der Lobby, für die er steht, zu sichern oder auszubauen. Die Gesellschaft als Tortenschlacht. Besonders egoman der Vertreter der Seniorenverbände. Nicht einmal der Gedanke einer Verantwortung der Älteren für das Ergehen der künftigen Generationen blitzt aus seinen Worten auf. Sieht man und hört man ihn, dann denkt man nicht an den Respekt, den das Alter verdient, sondern an das, was die Amerikaner *gready geasers* nennen: gierige Greise. Sie verwirken den Anspruch auf Ehrerbietung von selbst.

Wenn sich – wie es jetzt geschieht – die Lobby der Alten und die Lobby der Jungen gegenüberstehen, dann wird aus dem heißen Konflikt ein kalter Krieg. Konnten Eltern und Kinder im Konfliktfall an die Verantwortung für die Familie appellieren (die ja auch die Toten einschloß), entblättert sich jetzt vor unseren Augen eine Auseinandersetzung zwischen den Generationen, die einer Tortenschlacht gleicht, bei der jeder nur von dem Interesse geleitet ist, für sich das größte Stück Kuchen vom Teller zu reißen. Noch einmal sei es gesagt: Die gegenwärtige Tortenschlacht löst nicht ein harmonisches Familien-Eiapopeia ab. Aber die Regelung der Verhältnisse zwischen den Generationen wird aus dem alten moralischen und lokalen Verankerungen gelöst und auf eine administrative, überlokale und an knallharten Interessen orientierte Ebene gehoben.

In Afrika sind noch immer vielerorts die Ahnen gegenwärtig: Als Beschützer oder als Rachsüchtige, wenn sie nicht bedacht werden. Nichts zeugt bei uns mehr vom Verschwinden dieser Familie, die ehemals eben nicht nur aus den gerade versammelten lebenden Individuen bestand, als die zeitgenössische Beerdigungspraxis. Das Familiengrab wurde allmählich von individualisierten Zweiquadratmeterlöchern verdrängt. Und neuerdings setzt sich die anonyme Beerdigung durch, bei der kein Schild, kein Grabstein mehr an den Verstorbenen erinnert. Die Alten haben eben die berechtigte Vermutung, daß sich sowieso keiner mehr um ihr Grab kümmern werde. So verschwinden sie unter anonymem Rasen, statt in pompösen Marmormausoleen. Man sieht sich selbst lieber gleich als Entsorgungsfall. Der Vereinzelte hat keinen Segen für die Nachkommen zu spenden, sondern drückt am Schluß die Taste *delete* und radiert sich aus. Die Personen verschwinden als Monaden aus einer Existenz, in der sie Monaden waren. Sie sind durch keine Kette der Ahnen und der Nachkommen mehr miteinander verbunden. Erinnert sei an jenen Inder, der am Zoll in Tel Aviv seinen Koffer öffnen muß und darin – zur Überraschung der Zöllner – die Gebeine seines Vaters mit sich trägt: Beerdigen will er den Vater, wenn er den Ort gefunden hat, an dem er – mit den Gebeinen des Vaters – bleiben kann. Eine Geschichte aus vergangenen Zeiten. Wer weiß schon noch, daß der »Enkel« sprachgeschichtlich der »kleine Großvater« ist? In der Sprache ist die Kette, die Vorfahren und Nachkommen einmal bildeten, aufgehoben.

GLEICHBERECHTIGUNG DER GENERATIONEN?

Die seit kurzem in Deutschland existierende »Stiftung für die Rechte zukünftiger Generationen« hat es sich zur Aufgabe gemacht, neue Generationenverträge auszuarbeiten. Die Vorschläge der Stiftung tragen alle Züge eines perfektionierten Lobbyismus. Die Alten sollen in die Schranken gewiesen werden, die Interessen der Jugend sollen in einem neuen Generationenvertrag Berücksichtigung finden. Diese sich etablierende Jugendlobby hält den alten Rechts-Links-Gegensatz für kaum noch spürbar, sieht den Konflikt zwischen Alt und Jung an die Stelle treten. Eine Gesellschaft wird ins Auge gefaßt, die »ökologisch und finanziell gesund ist«. Wenn die Leute anfangen, eine *gesunde* Gesellschaft zu propagieren, muß man hierzulande alarmiert reagieren.

Die Stiftung mag noch eine modische Randerscheinung sein, aber sie zeigt wohl sehr genau die Richtung an, in die wir uns bewegen. Gefordert wird eine Neugestaltung des Generationenverhältnisses nach dem Lobbymuster. Den Übergang in eine lobbyistische Gestaltung des Generationenverhältnisses indiziert eine Überschrift an, mit der das Paket eines erneuerten »Generationenvertrags« geschnürt werden soll. Diese Formulierung heißt: *Gleichberechtigung der Generationen* und die Erläuterung schließt den Satz ein: »Kinder und Erwachsene sind gleichberechtigt... Die Vorstellung, daß der, der Rechte hat, auch Pflichten übernehmen muß, ist ein Relikt aus vordemokratischer Zeit.«

Bei den Tallensi, einem westafrikanischen Stamm, war es einmal üblich, daß es für Vater und Sohn einen je eigenen Eingang in die Hütte gab. So wurde der Skandal vermieden, daß der Vater dem Sohn am Hütteneingang begegnet und sich unwillentlich vor dem Sohn verneigt, weil er den Kopf einziehen muß. Nun also sollen bei uns Kinder und Erwachsene gleichberechtigt sein. Gemeinsam durch die Schwingtür.

»Du sollst deinen Vater und deine Mutter ehren!« – dieses alte Gebot verträgt sich mit der administrativen Gleichberechtigung im neuen Generationenvertrag nicht. Aber handelt es sich bei dem alten Gebot nicht ohnehin um die überholte Formulierung, mit der eine vermoderte Autorität ihren Niedergang aufhalten will? Ist es ein Trick der Älteren, daß sie diesen Satz Gott in den Mund legen, weil sie ihre eigene Herrschaft mit einer religiösen Aura umkleiden und sich so unangreifbar machen wollen? Hat sich dieses Gebot nicht inzwischen als völlig überholt erwiesen? Es bezieht sich doch auf Lebensverhältnisse, in denen Eltern und Kinder in einer Weise aufeinander angewiesen waren, die es gar nicht mehr gibt.

Womit sollte heute die »Ehrfurcht« vor den Eltern und den Älteren noch gerechtfertigt werden? Welche Weisheit sollte da Respekt abnötigen? Kompetenz ist mit den raschen Modernisierungs- und Innovationsprozessen immer mehr zu den Jüngeren gewandert. Zum erstenmal scheinen die Alten wirklich zu nichts mehr nütze als zu einer Existenz, in der sie Konsumenten von Waren, Dienstleistungen, Fernreisen und Tabletten sind, wenn sie Geld haben. Allenfalls sind sie insofern Hoffnungsträger für die Jüngeren, als die hoffen, auch einmal so alt und konsumfreudig sein zu können. Da wo Geld und Eigentum ist, müssen die Beteiligten damit rechnen, daß sich die Frage nach dem Erbe in die Beziehungen einnistet:
Das allerdings ist kein neues Phänomen.

. . . sind nicht jung, sind nicht alt, sondern blöde.
Jugend ist etwas Wunderbares. Ein Inbegriff von Schönheit, Weisheit, Duft. Wir danken ihr's mit Nichtbeachtung, wir kümmern uns nicht um die Jungen. Zum Ausgleich kümmern wir uns auch nicht um die Alten. Statt dessen hängen wir einem lächerlichen Jugendkult an. Statt zu lieben vollziehen wir einen Kniefall vor dem Mediengötzen »Jugend«. »Jugendkult« – kratzt man dran, ist es bloßer, scheußlicher Egoismus. Wir wollen ewig jung sein. Die reale, lebendige Jugend interessiert uns nicht, sowenig wie das reale, lebendige Alter. Das bleibt nicht ungestraft. Durch solchen Götzendienst verpassen wir unser Leben, sind nicht jung, sind nicht alt, sondern blöde.
Günther Nenning

In der Beziehung zwischen Eltern und Kindern kann Respekt oder Ehrerbietung gleichfalls nicht so recht wiedergefunden werden. Die Autorität der Eltern leitete sich daraus ab, daß sie Erziehungsautorität hatten. Sie zeigten den Weg, auf dem die Nachkommen gehen sollen – was die natürlich nicht immer taten. Aber noch für die Väter und Mütter, die in den fünfziger Jahren erziehend tätig waren, gab es keine Frage, wohin diese Erziehung zu führen hatte und was der Inhalt, was die Prinzipien der Erziehung waren: Leistungswille, Aufstiegsbewußtsein unter der Devise: Meine Kinder sollen es einmal besser haben.

DAS SCHLACHTFELD DER ERZIEHUNG

Heute beginnen die Eltern, sich aus dem Schlachtfeld der Erziehung zurückzuziehen. Keiner weiß mehr so richtig und intuitiv, wohin es gehen soll. »Erziehung« ist ein leerer Begriff. Kindergärtnerinnen kommen dementsprechend nicht mehr ohne ständige Hinzuziehung von Psychologen für die Verhaltensgestörten zurecht, Lehrer und Lehrerinnen resignieren angesichts einer Meute von Lernunwilligen, die – modisch gekleidet – zu Mutanten geworden zu sein scheinen. Peter Sloterdijk hat sie als Exemplare einer sportlich-musikalischen Grenzdebilität beschrieben. Oberschichten betrachten ihre Kinder weniger als Homines educandi, sondern als Produkt: Ein dünnflüssiges Produkt, das mit vielen Ausbildungseinheiten angedickt wird. Da die Menschen aber nun einmal keine Suppen und kein Uran sind, das man mit etwas anreichern kann, gibt es eine wachsende Zahl von mangelhaften Produkten. Ausgebildete, die sich auf dem Markt nicht durchsetzen können, die deswegen weiter subventioniert werden müssen.

Jehuda Ben Thejma – ein Zeitgenosse des Rabbi Akiba – stellt fest, daß ein Fünfjähriger mit dem Bibelunterricht zu beginnen habe, ein Zehnjähriger in die mündliche Tradition der Mischna eingeweiht werden soll und ein Dreizehnjähriger bereits selbst zur Erfüllung der Gebote verpflichtet sei. Wir haben heute einen Zustand erreicht, bei dem man noch Ende Zwanzig ohne Verantwortung für das eigene Leben existieren kann: Falsch adressierte Subventionspakete, denen das Erwachsenwerden nicht gelungen ist. Das Verschwinden elterlicher Autorität wird begleitet von einem Prozeß, in dem beide Parteien vor sich hininfantilisieren. Die Älteren, die gar zu gern Partner der Jüngeren wären und mit ihnen um Jugendlichkeit konkurrieren, die Jüngeren, denen es nicht gelingt, die kindischen Eierschalen abzuschütteln. Vielleicht ist eben dies das Unheimlichste am Generationenkonflikt, daß es ihn in dieser Form nicht mehr gibt. Die Auseinandersetzungen zwischen den Generationen haben die Menschen begleitet. Jetzt aber schwimmen alle nur in dem schleimigen Brei der Infantilität, die Grenzen zwischen alt und jung sind eingerissen, und die neue Demokratie zwischen ihnen beschränkt sich auf das Gezänk um die Ressourcen: Wer *kriegt* was? Weswegen man sagen kann, daß aus dem Generationenkonflikt ein Generationen*krieg* geworden ist.

Der Meister Awime hatte, bei Lebzeiten seines Vaters, des Meisters Abahu, schon fünf erwachsene Söhne, die die Gelehrtenwürde erhalten hatten: Gleichwohl, wenn sein Vater vor das Haus kam, eilte er selbst zur Türe, schloß ihm auf und rief dabei: »Ich öffne, ich öffne!«

Eines Tages sprach der Vater zu ihm: »Hole mir Wasser zum Trinken.« Der Meister brachte das Verlangte; da war der Vater inzwischen eingeschlummert. Also blieb der Sohn vor ihm in gebeugter Haltung stehen, den Krug in der Hand. Die Wartezeit über sann der Meister dem Sinn eines Psalmes nach, der die Überschrift trägt: »Ein Psalm Asaphs«, und den er bisher nicht begriffen hatte; nun aber, bis daß der Vater erwacht war, glückte es ihm und er fand die Lösung.

Diese Talmudgeschichte lehrt uns: Respekt vor dem Älteren ist nicht nur eine Sache für Kinder. Respekt heißt nicht Selbstaufgabe, denn der Sohn denkt zwar in gebeugter Haltung nach, aber er folgt im Akt der Demut seiner höchst eigenen Leidenschaft. Erst aus dieser Haltung der Demut und des Respektes heraus kann er die ihm rätselhafte Schriftstelle begreifen. Können wir mit dieser Haltung noch irgend etwas anfangen, oder ist sie ein Nachhall verschwundener Lebensverhältnisse, die durch technisch-demokratische Flexibilisierung der Generationenbeziehungen abgelöst ist?

Es gehört zu dieser talmudischen Geschichte eine korrespondierende Geschichte dazu, die den Blick nicht auf die Pflichten der Nachkommen, sondern auf die Pflichten der Älteren lenkt. In der mittelalterlichen Theologie und Kunst hat die Geschichte vom Pelikan, der seine Jungen mit dem eigenen Blut nährt, eine große Bedeutung. Der Pelikan öffnet – nach Auffassung der frühen Theologen – mit dem Schnabel seine Brust, die Jungen trinken das herabfließende Blut. Dieses Bild erläutert Tod und Auferstehung Christi, aber eben auch die aufopfernde Elternliebe. Interpretiert wird dabei das ca. 200 n. Chr. entstandene und weitverbreitete Tierbuch des sogenannten Physiologus, das »erbaulich« aufgefaßt wurde.

Der Physiologus sagt – so die symbolische Deutung –, daß der Pelikan völlig aufgeht in der Liebe zu seinen Eltern. Wenn er die Jungen hervorgebracht hat, dann picken diese, sobald sie nur ein wenig zunehmen, ihren Eltern ins Gesicht. Die Eltern aber hacken zurück und töten sie. Nachher jedoch tut es ihnen leid. Drei Tage trauern sie dann um die Kinder, die sie getötet haben. Nach dem dritten Tag aber geht ihre Mutter hin und reißt sich selber die Flanke auf, und ihr Blut tropft auf die toten Leiber der Jungen und erweckt sie.

Die Demut des jüdischen Gelehrten vor seinem Vater und die Aufopferungsbereitschaft des fromm interpretierten Pelikans sind Geschichten, an deren Glanz und Ernst die zeitgenössische Hohlheit eines pseudodemokratischen Partnerschaftsverhältnisses zwischen den Generationen auffliegt.

Ein solches – sagen wir ruhig aufopferndes – Verhältnis zwischen den Generationen ist vom Aussterben bedroht. In einer radikalisierten Tauschgesellschaft gerät natürlich auch das Verhältnis zwischen den Generationen unter das Diktat der Äquivalenz. Und die Gestaltung der Außenwelt (der Gesellschaft) hat sich immer auch in der Gestaltung des Verhältnisses der Generationen abgebildet. Im patriarchalischen Rom entschied der Paterfamilias, ob ein Kind zur Familie gehören sollte oder nicht: Erst, wenn er es vom Boden aufhob, gehörte es dazu. In feudalen Gesellschaften sind die Beziehungen zwischen den Eltern und den Kindern feudalistisch aromatisiert. In der industriellen Arbeitsgesellschaft ist die Rolle des Vaters in der Familie der des Chefs vergleichbar. Und in einer postindustriellen Welt, die von Flexibilität, der Beseitigung starrer Hierarchien und von Tauschverhältnissen bestimmt ist, unterliegt auch das Verhältnis der Generationen einer Flexibilisierung, wird einem *Team* ähnlich und reguliert sich nach den Prinzipien der goldenen Regel: *Was du nicht willst, daß man dir tu, das füg auch keinem andern zu.* Die Lebenswelt der flexiblen Marktgesellschaft erodiert nicht nur den prinzipienorientierten Charaktermenschen, sondern natürlich auch die charaktervollen Beziehungen zwischen den Generationen, die von den moralischen Altbeständen geprägt waren: Respekt, Autorität, Ehrerbietung. Diese Altgestalt der Beziehung zwischen den Generationen ist – wie gesagt – unter den Bedingungen einer flexibilisierten Tauschgesellschaft unhaltbar geworden. Die Generationenbeziehungen sind damit auf eine neue Geschäftsbasis gestellt worden. Der Rückgang der Geburtenrate ist eine Reaktion darauf: Warum noch Kinder? Sie sind teuer, schwierig und schränken die Möglichkeiten, am Strand zu liegen ein. Die Erwachsenen erledigen das Generationenproblem – so könnte man zugespitzt sagen –, indem sie die Jungen aussterben lassen. (Diesen Ansatz gab es übrigens – religiös motiviert – schon einmal: In der frühchristlichen Kirche haben Scharen von Männern und Frauen auf den Geschlechtsverkehr und die Ehe verzichtet, um durch den Abbruch der Fortpflanzung das Ende der Geschichte herbeizuzwingen!)

DAS DEREGULIERTE GENERATIONENVERHÄLTNIS

Die Klage über das Abfackeln der Amazonasurwälder ist uns vertraut, man kann fast schon von einer liebgewordenen Gewohnheit sprechen, die Folgenlosigkeit der Klage kennt jeder. Was wir aber gegenwärtig bei uns erleben, das ist eine Brandrodung unserer sozialen Verhältnisse, über denen schwarzer Rauch aufsteigt. Die Menschen werden aus ihren alten Lebensverhältnissen vertrieben, in denen sie verwurzelt waren: Aus der kontinuierlichen Arbeitsbiographie, aus Familienzusammenhängen, aus regionalen Sprachen. Die schützende – manchmal sicher auch einengende – Hülle lokaler Lebensverhältnisse wird durch naturwissenschaftlich-technologische Beschleunigungen abrasiert. Es ist nur zu wahrscheinlich, daß dieser Flächenbrand auch die Identitäten der einzelnen nicht unbeschädigt läßt. »Wir wissen aus der Kindheitsforschung« – so beschreibt es Oskar Negt –, »daß ein Mensch irgendwann in seinem Leben, möglichst sehr früh, die Erfahrung absoluter Verläßlichkeit machen muß, um so etwas wie persönliche Identität aufbauen zu können.« Gehen diese lebendigen Primärerfahrungen verloren, die für die Bindungsfähigkeit von Menschen unabdingbar sind, dann kann dieser Mangel zu pathologischen Verirrungen ganzer Gesellschaften führen. Die fragmentierte Familie bietet diese Primärerfahrungen immer weniger. Der Schule und in geringerem Ausmaße auch dem Kindergarten ist eine unlösbare Aufgabe zugeschoben: Sie soll die aussterbende familiäre Wärme ersetzen und steht doch zugleich unter dem Diktat der Konkurrenz- und Leistungsgesellschaft. Daraus erwächst die Gefahr, daß nicht nur die Zahl der verhaltensgestörten Kinder wächst – das ist ohnehin unübersehbar –, sondern daß auf Dauer die ganze Gesellschaft verrückt oder gestört wird.

Was wir erleben, ist die Implosion unseres sozialen Universums: Eine schützende Hülle nach der anderen verschwindet: Zugleich mit der Familie zerfasert der alte territoriale Nationalstaat. Beide waren Zwischeninstanzen zwischen der ganzen Welt und dem Individuum. Und beide verfügten über schützende wie über repressive Mechanismen. Nun sind viele mit diesem freien Blick, den ihnen kein Vater und kein Patriot mehr verstellt, überfordert. Viele fallen zurück in ein Stadium archaischer Stammesengstirnigkeit, die aber – wie in Exjugoslawien –, mit Maschinengewehren ausgestattet, höchst gefährlich wird. Die Idee der ethnischen Säuberung kann entstehen, weil die Zwischeninstanzen, zu denen auch der Nationalstaat gehörte, abgeschmolzen sind.

Der Vorgang ist höchst ambivalent: Viele empfinden das Wegbrechen autoritärer Familienzwänge als Befreiung, und die Nationalstaaten haben zu viele Blutopfer gefordert, als daß man sich ihres Verschwindens nicht auch freuen könnte. Aber die Individuen, die danach bleiben, drohen zu bindungsfreien, beschleunigten Teilchen zu werden, die die Erfahrung von Nähe, Treue und Wärme gar nicht erst machen. Vielleicht ist es sogar nur eine Frage der Zeit, bis die Erinnerung an das Fehlende verschwunden ist. Noch sehnt sich mancher nach Verläßlichkeit und Wärme, aber vielleicht kann die Erinnerung daran auch endgültig verschwinden? Die Personen werden dann zu isolierten Eiskristallen. Sie funktionieren, aber sie leben nicht.

Die Umwandlung des vom Gebot der Ehrfurcht und Fürsorge geprägten alten Generationenverhältnisses in eine lobbyistische Beziehung, bei der die vereinzelten Alten und die vereinzelten Jungen um Ressourcen kämpfen, wird die zukünftigen Jahre bestimmen. Aus der Sicht der Jüngeren wird sich die Politik der Älteren immer mehr als ein eklatantes Beispiel für egoistische Mißwirtschaft entlarven. Jedes Kind, das in der Bundesrepublik geboren wird, hat schon 60 000 DM Staatsschulden. Unsere Nachkommen werden es schwer haben, die Zinsen für den Schuldenberg aufzubringen – von Tilgung ganz zu schweigen. Sie werden die ökonomischen und ökologischen Folgelasten zu tragen haben, die den Älteren ein Leben im Exzeß erlaubt haben. Die Möglichkeit, auf diese Zuspitzung der Benachteiligung der Jüngeren zu reagieren, ist gering. Die Alten entscheiden die Wahlen, denn jeder zweite Wähler in der Bundesrepublik ist ab 2010 ein Senior. Wer will diese wichtigste Wählergruppe durch unfreundliche Rentengesetzgebung verprellen? Der Generationenvertrag wird reduziert auf die Diskussion über die Renten – und dabei haben die Älteren die besseren Karten, weil sie die Parlamente nach ihrer Pfeife tanzen lassen können. Da ist es leichter, an Schulen, Ausbildungsplätzen, Kommunikationszentren für Jugendliche zu sparen als über gerechtere Verhältnisse zwischen den Generationen nachzudenken.

Die Älteren machen das Geschäft ihres Lebens und punkten die Jüngeren aus. Sie haben die Rentengesetzgebung im Griff und angesichts guter Versorgungslage auch die Aktien und die Pfandbriefe. Den Jüngeren hinterlassen sie eine deregulierte – will sagen sozial verwüstete – Lebenswelt, die sie den Jüngeren auch noch als High-Tech-Glitzerpalast verkaufen. Am Hintereingang allerdings setzen die Älteren zum Beispiel jene Atomkraftwerke ab, die in zwanzig Jahren abgeschaltet werden müssen, weil die Profite dann eingesackt sind und die Dinger dann richtig unsicher werden. Immer noch weiß niemand, wo die strahlenden Reste bleiben sollen. Jeder Castor-Transport – bei dem ja nur Abfälle von Zwischenlager zu Zwischenlager verbracht werden – kostet schon eine wachsende Zahl von DM-Millionen. Im amerikanischen Energieministerium allerdings schweift der Blick schon weiter. Dort hat man eine Arbeitsgruppe eingesetzt, die darüber nachdenkt, wie man vor dem nuklearen Katastrophenmüll so warnen kann, daß diese Warnung auch in ein paar tausend Jahren noch verständlich ist, wenn vielleicht niemand mehr englisch spricht oder unsere Warnsymbolik nicht mehr verstanden wird. Das einzige, was helfen könnte – so der ethnosatirische Vorschlag einer Tübinger Fachgruppe –, sei die Stiftung einer Religion. Daß bestimmte Berge nicht betreten werden durften, hat sich in indianischen Kulten über Jahrhunderte tradieren lassen. Vielleicht wäre das auch heute eine Möglichkeit? Nichts ist so stabil wie religiöse Tradition. Also laßt uns die Warnung vor dem Abfall über Priester eines Strahlungskultes weitergeben.

Der strahlende Müll ist ein Musterbeispiel für das Vorgehen, mit dem die Älteren den Generationenvertrag ruinieren. Sie geben die Risiken, die mit ihrem Lebensstil verbunden sind, an die nächste Generation weiter. Das gilt ja nicht nur für den Nuklearabfall, sondern auch für so unabweisbare Megakrisen wie den Treibhauseffekt. Die Kritik an solchem Umgang der Älteren mit den Jüngeren hat schon Immanuel Kant sinnfällig formuliert. Alles – so hat er gesagt – darf eine Generation von Lebenden machen, nur eines nicht: Sie darf nicht die Souveränität der nachkommenden Generationen beschädigen. Die Nachkommen müssen die Möglichkeit haben, sich auch für eine andere Gestaltung ihres Lebens, ihrer Kultur, ihrer Gesellschaft zu entscheiden. Diese Souveränität wird heute nachdrücklich beschädigt.

Wir haben einen Blick auf die Benachteiligung der Jüngeren geworfen, die aus der egoistisch-raffgierigen Haltung der Älteren entsteht. Aber wer das Gemeinwesen so nachdrücklich beschädigt, wie es die Älteren getan haben und noch tun, darf sich nicht wundern, wenn diese Beschädigung auf die Verursacher zurückschlägt.

Solange sie in ihren Jogginganzügen in weißen Hotels an afrikanischen, karibischen oder spanischen Stränden ihre Pensionen verzehren, bleibt ihnen der Blick auf die Verwüstung des Gemeinwesens erspart. Der drohenden Kälte könnten sie innewerden, wenn sie sich bewußt werden, daß man sich in der Bundesrepublik genötigt sah, eine Pflegeversicherung einzuführen, also die Risiken des Alters sicherheitstechnisch abzufangen. Das heißt ja nur, daß die medizinische Betreuung und die klinische Unterbringung der Hinfälligen gesichert ist. Es erwarten sie Versicherungsleistungen – nicht Aufgehobenheit. (Die hat es auch früher natürlich nicht immer gegeben, aber die Fortgeschrittenheit einer Gesellschaft mißt sich ja vielleicht nicht nur an den verbrauchten Megabytes, sondern auch und gerade am Umgang mit den hinfälligen Alten.) Kommt hinzu, daß sich in der sterilisierten Sicherheit des Alters gerade Risse zeigen. Die wachsende Zahl medizinischer Möglichkeiten zieht wachsende Kosten nach sich. Immer deutlicher sehen sich Ärzte vor die Situation gestellt, daß sie auswählen müssen, welche medizinische Errungenschaft jemandem noch zugute kommen soll. Da kann man dann entweder an Alters- oder an Geldkriterien denken. Wenn denn eines Tages der Tod medizinisch weit hinausgeschoben werden kann, dann – so kann man schon jetzt wissen – wird das eine Frage des Geldes sein. Wer kann die Abschaffung des Todes bezahlen? Schon jetzt gibt es extreme Schieflagen, die sich steigern werden: Die 50 Mark, die man brauchte, um ein Kind im Sudan vor dem Tod zu retten, den ein entzündeter Blinddarm mit sich bringt, sind nicht da. Wohl aber die 30 000 Mark, die eine Bypassoperation bei einem 85jährigen kosten. Wie soll das eigentlich auf Dauer ertragen werden?

So erfahren die Alten heute, daß auch sie in den Globalisierungsmixer geworfen werden und zur anthropologischen Rohmasse werden. In Deutschland hat das freilich noch einen anderen Aspekt. Diejenigen, die da heute in Pflegeheimen liegen, sind ja mehrheitlich Angehörige der schweigenden Generation, sind Leute, die ihren heute 50- bis 60jährigen Kindern gegenüber geschwiegen haben: darüber, was sie in der Nazizeit gemacht haben. Die Väter haben saure Trauben gegessen, und den Söhnen werden die Zähne stumpf, heißt es in der Bibel. Daß die Söhne in einem solchen Ausmaß mit der Zerstörung ihrer Familien, mit dem Ruin ihrer Nationen und mit der Konstruktion einer packeisüberzogenen Alltagswelt konfrontiert sind, ist vielleicht die Konsequenz aus dem Schweigen der Väter. Die beschwiegenen Taten der Vorfahren machen die Nachkommen zu allem fähig. Die schweigende Kälte, die sie erfahren haben, haben sie in die Konstruktion einer Gesellschaft eingebaut, die so hervorragend funktioniert wie die Militärmaschine der Nationalsozialisten: mit Präzision und Kälte. Dem Wärmestrom menschlicher Beziehungen wurde dabei immer weniger Beachtung geschenkt – was sich in der wachsenden Zahl Desozialisierter zu erkennen gibt.

DIE BEWEGTEN ALTEN

Der Deutsche Seniorentag stand kürzlich unter dem Motto: »Alter in Bewegung«. Das Motto hat etwas Makabres, wenn man sich daran erinnert, daß unsere Gesellschaft ja eher an einem Zuviel an Mobilität leidet, daß sie unter einer geradezu krankhaften Beschleunigungssucht ächzt. Über »Entschleunigung« ist nachzudenken, über die Kunst der Langsamkeit. Das Motto »Alter in Bewegung« aber will die Beschleunigungsreserven bei Alten entdecken. Vielleicht wäre es an der Zeit innezuhalten. Könnte man einmal darüber nachdenken, ob die Verlangsamung, die das Alter zwangsläufig mit sich bringt, die zeitgemäße Weisheit für die rasende Gesellschaft wäre?

Tatsächlich aber schwingen die Alten sich zur Speerspitze der Beschleunigungsgesellschaft auf – und so werden Seniorentage eben unter dem Motto »Alter in Bewegung« veranstaltet. Und damit ist nicht etwa ein erschrecktes Nachdenken über Mobilitätssucht gemeint, sondern es soll ein Defizit angemahnt werden – immer noch. Raus aus dem Schaukelstuhl heißt die Devise, und dabei wird übersehen, daß die Alten schon längst mobiler sind als die Jungen – die sich solche exzessive Mobilität gar nicht leisten können. Jeder zweite Bundesbürger hat ein Auto, täglich werden in der Bundesrepublik Deutschland drei Milliarden Personenkilometer absolviert. Keineswegs – wie man denken könnte – vorwiegend beruflich bedingte Fahrten. Auf einen Kilometer Autofahrt zum Arbeitsplatz kommen zwei Kilometer Freizeitfahrten. Und die älteren Fahrer (über 55 Jahre) verbrauchen 80 Prozent ihrer Fahrten für Freizeitzwecke, nur noch 20 Prozent für berufliche Anlässe. Das Alter ist in Bewegung – und zwar kräftig. In Zügen und Flugzeugen, auf Kreuzfahrtschiffen und Skipisten. (Andere eilen in die Universität, schreiben sich als Gasthörer ein. Wer sich da einen langgehegten Wunsch erfüllt, sei willkommen. Viele allerdings erwekken den Eindruck, einen Beitrag zur Ausbildung ihrer Infantilität leisten zu wollen.)

Leben ist dabei auf Lebensqualität heruntergekommen, und Lebensqualität definiert sich vor allem über Mobilität. Das Werbe-Credo der größten Lebensversicherung in Deutschland lautet: »Freiheit – die ich leben will. Reisen – die ich mir leisten kann. Leben – wie ich es mir wünsche.« Aus dem Leben ist ein Konsumcorso geworden – und Mobilität die wichtigste Stütze dieses Plastiklebens. Das Motto »Alter in Bewegung« ist auch dadurch so vielsagend, daß die Bewegung in dieser Formulierung zum Selbstzweck wird: »Weder der Drang ins Grüne oder Blaue noch der Wunsch nach Orts- und Tapetenwechsel motiviert vorrangig zur Mobilität«, an erster Stelle steht die »Angst, etwas zu verpassen«, aber auch das Gefühl, daß einem die Decke auf den Kopf fällt – das wird in einer neuen Untersuchung über das Freizeitverhalten der Deutschen festgestellt. »Der Fluchtgedanke wird dabei zur treibenden Kraft. Das Wohin ist beinahe nebensächlich. Hauptsache weg von den eigenen vier Wänden.«

Für die Autoproduzenten werden die Alten demgemäß zu einer immer wichtigeren Käufergruppe. Mit der Devise »Älter werden – mobil bleiben« wird da von Autoherstellern geworben, und man kann schon den Tag sehen, an dem medizinische Alterseinstufungen abgelöst werden von der Feststellung: Richtig alt ist man, wenn man nicht mehr Auto fahren kann. Um das Jahr 2000 wird ein Drittel der Bevölkerung der Bundesrepublik über 60 Jahre alt sein, jeder zweite dieser älteren Menschen wird voraussichtlich ein Auto fahren. Nebenbei gesagt: Es ist eigentlich verwunderlich, wie wenig die Autoindustrie bisher – angesichts des wichtigen Marktes – an altersgerechte Autos zu denken sich anschickt. Alte profitieren heute nur nebenbei davon, daß die Jungen größer werden: Der Jungen wegen hat man die Einstiegsmöglichkeiten ins Auto erweitert, die Alten haben eher zufällig etwas davon. Daß die Ladekantenhöhe heute deutlich niedriger liegt, hängt mit den weiblichen Käufern zusammen – nicht mit den Alten.

Der Lebensradius der älteren Menschen in Deutschland ist mit Sicherheit so weitgespannt wie noch nie – wenn man die zurückgelegten Kilometer betrachtet. Ob die Mobilitätssucht der Älteren heimlich darauf zurückweist, daß die schmerzlich erfahrene Sinnleere durch hektische Bewegung verdeckt werden soll – darüber kann man freilich nur Vermutungen anstellen. Im Ernst weiß jeder, daß die Zahl der absolvierten Kilometer oder Mobilitätseinheiten mit Leben wenig zu tun haben und daß die Zahl der besuchten Orte und der gemachten Reisen etwas über den materiellen, nicht aber über den geistigen »Radius« eines alten Menschen aussagen.

Die Explosion, die in den letzten Jahren die Alten in eine Dauermobilität geschleudert hat, wird aber schon gegenwärtig von einer Implosion abgelöst. Während die Mobilitätssucht der Alten noch steigt, deuten sich Tendenzen an, die die äußere Bewegung zum Stillstand bringen könnte. Die Informationsgesellschaft bricht auch über die älteren Menschen herein. Während die mobilitätssüchtigen Alten noch durch die Safariparks der Welt kurven, hat zu Hause eine neue Art der Bewegung begonnen, die der französische Wissenschaftler Paul Virilio den »rasenden Stillstand« genannt hat. Man braucht heute den Sessel nicht mehr zu verlassen, um die Welt zu erfahren. Die Fernbedienung eröffnet den Zugang zu Dutzenden von Programmen. Morgen werden Homebanking und Teleshopping alltäglich sein. Im Internet kann man diskutieren, kommunizieren, Eindrücke sammeln – ohne sich dem Streß der Realmobilität noch auszusetzen. Die Techniken und Kompetenzen dafür sind noch für viele zu teuer und zu schwierig. Aber die nächste Generation von PCs wird nur noch wenige Hundert Mark kosten, da alle Programme aktuell von außen geladen werden. Den Umgang mit dem Internet kann jeder Zehnjährige in einer halben Stunde erlernen. So wird wohl auch der safariparkerprobte Alte bald durch den Internetsurfer abgelöst werden. Die Senioren bleiben dabei in Bewegung. Nur ist es keine fleischliche mehr, sondern eine mediale. Ob das eine Bereicherung ist, darüber kann man streiten. Die Gefahr besteht immerhin, daß die Alten wie die Jungen bei dieser Entwicklung degenerieren: daß sie zu Knotenpunkten in medialen Netzen werden, die ihre Familie, ihre Nachbarn, ihren Kaufmann, ihren Bankschalterberater allmählich vergessen.

Die Informationsgesellschaft gestaltet den Alltag der Alten noch einmal drastisch um. Die Betonautobahn wird weniger bedeutsam sein, die Datenautobahn dafür um so mehr. Die Bewegung wird nicht mehr zuerst eine körperliche sein, sondern die Alten werden sich durch die Netze der Informationsgesellschaft schwingen wie Tarzan durch den Urwald, und Linda de Mol wird ihre Freundin sein. Sie werden so schnell sein und so flexibel wie noch nie. Sie werden nicht mehr der Hinrichtung eines Verbrechers auf dem Markt zuschauen, nicht mehr im Gerichtssaal sitzen, in dem der Massenmörder verurteilt wird, sondern sie werden live und online Herzoperationen verfolgen (T-online übertrug vor kurzem die erste Knieoperation live, die Zuschauerzahl von 60 000 Onlinern ließ die Übertragung kollabieren). Sie werden alles haben können: virtuellen Sex, virtuelle Kommunikation und Unterhaltung usw. Alter in Bewegung – nun aber in rasendem Stillstand vom Sessel aus. Der Stolz von Senioren-Internettern berührt immer besonders peinlich, ist er doch Ausdruck eines Joinerbewußtseins, der Zufriedenheit schon daraus schöpft, dabeizusein und Jugendlichkeit unter Beweis zu stellen. Das ist so ähnlich wie der Verweis auf Bücher, die im Bücherschrank stehen. Interessant wird es erst bei der Frage, wozu die Bücher und das Internet gebraucht werden.

Der Lebensradius im Alter implodiert – könnte man sagen. Nicht mehr äußere, sondern innere Mobilität wird im Vordergrund stehen. Sie löst alte Lebensformen im Alter ab. Auch die Alten werden in die Zentrifuge der Informationsgesellschaft fallen und dort herumgeschleudert werden. Der elektronische Impuls wird das Gespräch über den Zaun mit der Nachbarin in den Hintergrund drängen. Die Folgen für den Alltag der Senioren dürften einer Revolution gleichkommen.

Der elektronische Impuls erübrigt ja nicht nur den

Gang zum Bank- oder Postschalter. Aktuelles Beispiel: Ein Meßgerät im WC übermittelt die aktuellen Urinwerte direkt in die ärztliche Praxis. Automatisch wird der Arzt bei Veränderungen informiert und kann dann über Bildschirm den Patienten sprechen. (Der Versuch ist gestartet.) Die Haushaltstechnik für Alte erlebt einen Automatisierungsschub. Vom elektrischen Rolladenheber bis zu Notrufsystemen, Treppenliften, elektronischen Kommunikationshilfen usw. entsteht eine breite Palette eines High-Tech-Altenhaushaltes. Die Automatisierung des Badezimmers wird von vielen persönlichen Hilfen unabhängig machen. Das Alter – so könnte man das Motto noch einmal variieren – setzt sich selbst in Bewegung. Mit Hilfe einer Fülle von elektronisch gesteuerten Gerätschaften wird das Alter sicherer, selbständiger – aber es wird auch zu einem virtuellen Abenteuer. Abenteurer sind – wie man weiß – eher einsam. Der Alte, der sich souverän mit Hilfe eines Maschinenparks durch das Leben steuert, wird auch von einer neuen Kälte umgeben sein. Und seine elektronische Selbständigkeit läßt ihn auch zeitgleich zum Anhängsel seiner Gerätschaften werden. In Pflegeheimen wird es üblich, in die Kleider der Patienten Chips einzunähen, die eine elektronische Überwachung und Ortung der manchmal verwirrten und flüchtigen Patienten erlauben. Wir haben mit den neuen High-Tech-Instrumenten die Welt im Griff – aber sie uns auch. Der Lebensradius der Alten wird künftig wuchern. Aber die Kontrolle wird auch zunehmen. Wie bei den Pflegefällen. Schon heute gibt es verschiedene Geräte, mit denen Blutzucker, Blutdruck usw. häuslich geprüft werden können. Morgen dürfte der perfekte Gesundheitscheck zu Hause möglich sein. Früher einmal waren es nur die Waagen auf Bahnhöfen, die nach großem Getöse das Gewicht auf einem gelben Kärtchen ausdruckten. Auf einer Emailletafel war abzulesen, was normales Männer- oder Frauengewicht bei welcher Größe ist.

Die Menschen beginnen heute, sich als ein Bündel von Werten, die meßbar sind und kontrolliert werden müssen, zu begreifen. Beliebtes Beispiel ist der Cholesterinspiegel, der gern zu hoch ist – obwohl keiner der Cholesterinspiegel-Laiendarsteller eigentlich weiß, was das soll und ob es überhaupt etwas soll. So verkommt die Person allmählich zu einer Menscheneinheit mit Inputbedarf (an Medikamenten, Fitneß, an Kommunikation und was nicht alles). Den Lebensradius bestimmen dann die gemessenen Werte, in denen entsprechend sich der Mensch bewegt.

Im ganzen: Der Lebensradius der älteren Menschen wird heute durch die High-Tech-Industrie, durch die High-Tech-Medizin usw. nach außen und nach innen erweitert. Die Gefahr ist, daß der Homo informaticus wie eine Marionette an den Fäden seiner elektronischen Impulse hängt, daß er sich von seinen Geräten fernbedienen läßt, indem er z. B. brav seine Werte abliest und sich den ausgespuckten Werten entsprechend verhält. Die Rede vom »Alter, das in Bewegung« ist, erweckt den Eindruck, daß vielleicht nicht mehr vom Alten, der **sich** bewegt geredet wird, sondern von dem Maß, in dem Alte bewegt **werden.** Der Lebensradius wäre dann nicht mehr der Radius (deutsch: Strahl, Stab), dem entlang die Menschen sich bewegen, sondern der Stab des virtuellen Dompteurs, mit dem die Menschen dressiert werden.

UND DIE BEWEGTEN JUNGEN

Die Kosten für einen »gewöhnlichen« Heimaufenthalt von Jugendlichen liegen in Deutschland bei 6000 DM im Monat. Was sagt die Zahl? Sagt sie, daß wir glücklicherweise ein Stadium erreicht haben, in dem Kinder nicht einfach aufgehängt werden, wenn sie beim Diebstahl erwischt werden? Sagt sie, daß die westlichen Gesellschaften keine Ausgaben scheuen, um ihren mißglückten Sozialisationsfällen eine Rückkehr in die Gesellschaft zu ermöglichen? Oder offenbart sie die Hilflosigkeit einer Gesellschaft, in der das traditionelle Gefüge der Sozialisation am Zusammenbrechen ist und man versucht, den Kältestrom durch einen Geldstrom zu überdecken? Keine Schönrednerei kann mehr verdecken, daß die Zahlen der Kinder- und Jugendkriminalität in den Industriegesellschaften steil steigt. Und das ist eben kein überraschendes Phänomen, sondern eines, das aus dem Einsturz traditioneller Sozialwelten zwangsläufig erwächst. Jugendliche sehen sich heute in doppelter Weise in eine neue Lage versetzt: Viele haben die Erfahrung gemacht, daß die Familie kein Schutzdach ist, unter dem man sich wärmen kann, sondern haben ein Beziehungschaos, durch das sich die Furchen des Egoismus ziehen, kennengelernt. Der Transmissionsriemen ist gerissen. Die Familie war ein Transmissionsriemen zwischen Gesellschaft und nachwachsender Generation. Sprachlosigkeit, Kälte, Verwirrung, Gleichgültigkeit sind in den Vordergrund getreten. Die Kinder werden ausgesetzt – mitten im noch nicht abbezahlten Bungalow. Sie leben in einer Echowelt, die ihnen lediglich ihre eigenen Hilferufe zurückwirft. (Götz Eisenberg)

Dieser Ersterfahrung schließt sich die Feststellung an, daß sie in der Arbeitswelt nicht gebraucht werden. Das psychosoziale Moratorium (Erikson), das sie früher in Schulen, Ausbildungsstätten und Universitäten durchlaufen haben, wandelt sich heute zu einem Getto. Unsere komplexen Gesellschaften brauchen Qualifikationseinschübe, die aber immer seltener in Berufsfelder führen, sondern günstigenfalls in eine Jobberei, ungünstigenfalls in Arbeitslosigkeit. »Wenn die 14- bis 24jährigen keine Perspektive haben, dann gewöhnen sie sich daran, einer Frau die Handtasche wegzunehmen, den Studenten den Computer zu klauen und so in den Tag hineinzuleben.« Das hat der Liberale Ralf Dahrendorf gesagt.

Die Nachfrage nach lebendiger Arbeit sinkt, und damit steht die deutsche Gesellschaft – wie andere Industriegesellschaften auch – vor einer unglaublich schwierigen Aufgabe. Das klassische Konzept der Konstruktion von Identität und Persönlichkeit ist hinfällig. Die langen Lebenslinien, die bisher durch Familie und Arbeit vorgegeben waren, sind verwischt. Entweder wir schicken die Jugendlichen in eine Münchhausen-Lügenwelt: Da wird gesagt, ihr sollt alle eigentlich arbeiten, und nur über die Arbeit gewinnt ihr Sinn und Identität. Die Jugendlichen werden unter diesen Umständen »Arbeitsvermögen im Wartestand« und zappeln wie Fische auf dem Trocknen, weil sie keine Arbeit bekommen. Oder wir gaukeln ihnen eine Bewegung vor, die es gar nicht gibt: Heinzen und Koch haben in ihrem Buch »Von der Nutzlosigkeit erwachsen zu werden« die Situation der Jugendlichen in Schulen und Ausbildungsstätten verglichen mit den Personen in einem Waggon, der längst auf einem Abstellgleis gelandet ist. Lehrer, Sozialarbeiter und Weiterbildner rütteln von außen an dem Waggon, damit die drinnen das Gefühl haben, es ginge noch weiter.

»Du sollst deinen Vater und deine Mutter ehren!« heißt das Gebot. Wie soll man das verstehen, da doch im großen wie im kleinen die Voraussetzungen dafür hinfällig zu sein scheinen? Der alte Familienverband erodiert, die Jungen haben den Eindruck, daß ihnen die Älteren ein Trümmerfeld hinterlassen. Mag die multilokale Familie auch – wie Untersuchungen stolz hervorheben – ständig in telefonischem Kontakt sein. Wenn erst einmal eine Windel gelegt werden muß, ist der Telefonkontakt eben doch ein dürftiger. Der Versuch, über sozialpolitische Maßnahmen – wie die Pflegeversicherung – die alten Organisationsformen wiederherzustellen, muß wohl mißlingen, weil sich die zum Überleben erforderliche Wärme nicht administrativ schaffen läßt.

Es ist wohl unabdingbar, mit dem Gebot der Elternliebe über den Tellerrand der Familie hinauszublicken. Dann kommt einerseits die Aufgabe ins Blickfeld, Freundschaften zwischen den Generationen neu zu gründen, die auch jenseits der kleindimensionierten Familienbande ansetzen. Es gilt der Frage nachzugehen, was man denn an den Älteren »ehren« kann. Dazu müssen die Älteren sich ehrenwert verhalten, und die Jüngeren dürften sich nicht dem Trend unterwerfen, der besagt, daß alles, was alt ist, gleich weggeworfen werden kann. Das Verhältnis der Generationen ist in dem Gebot verpackt, wenn das auch in den urtümlichen Worten schwer erkennbar ist. Dann besagt es, daß die Älteren die Lebensmöglichkeiten der Nachkommen im Auge haben müssen – denn sonst sind sie nicht ehrenwert. Und es besagt, daß die Jüngeren die »Ausgebrauchten« nicht als Entsorgungsfälle betrachten dürfen, weil sie sonst die Humanität ihrer Gesellschaft beschädigen. Überträgt man das Gebot auf unsere modernen Verhältnisse, dann erinnert es daran, daß Egoismus – der dem anderen die Würde abspricht – die Substanz einer menschenwürdigen Gesellschaft zerstört. Mehr als Erinnerungshilfe kann das Gebot nicht sein, es spricht sehr deutlich in eine vorneuzeitliche Lebenslage, die durch den Familienverband bestimmt ist. Je weniger das Leben des einzelnen aber durch familiäre Verhältnisse geprägt ist, desto mehr muß der Geist dieses Gebotes auf die neuen – sagen wir ruhig – multikulturellen Verhältnisse der Menschen übertragen werden.

6. GEBOT

DIE GRENZEN DES LEBENS

Wachsende Verwirrung:
Was ist machbar, und was darf man machen?

»Death, after all, is cheaper than treatment.«
The Economist, 21. Juni 1997

Du sollst nicht töten.

Brooks Douglass und seine Schwester Leslie Frizzell wurden als Kinder Zeuge der brutalen Ermordung ihrer Eltern. Leslie, die damals zwölf Jahre alt war, wurde vergewaltigt. Steven Hatch, der Täter, wurde in Oklahoma zum Tode verurteilt. Mr. Douglass, republikanischer Senator in Oklahoma, und seine Schwester nehmen das Recht in Anspruch, bei der Exekution des Täters anwesend zu sein. 12 amerikanische Staaten haben Regelungen, nach denen es für die Verwandten von Opfern möglich ist, der Hinrichtung entweder im Zeugenraum oder bei einer Fernsehübertragung der Exekution anwesend zu sein.

Beendet der Blick auf die Exekution die Alpträume der Opfer? Wird das Rachebedürfnis gestillt? Oder ist dieser Blick auf den staatlichen Tötungsakt ein Teil des Voyeurismus, der es in der Informationsgesellschaft selbstverständlich werden läßt, bei dramatischen Ereignissen, Katastrophen und Kriegen via Bildschirm dabeizusein? Beim Golfkrieg stürmten die Fernsehteams zuerst aus den Transportflugzeugen, um die Truppen bei der Ankunft zu filmen.

DIE NEKROPHILE GESELLSCHAFT

Im Februar 1998 bricht eine Mannheimer Ausstellung alle Rekorde. Die Schau wird schließlich 24 Stunden – rund um die Uhr – geöffnet, um den Ansturm zu bewältigen. Wer sich um Mitternacht anstellt, muß dennoch fünf Stunden warten, bis er den weißen Museumskomplex betreten kann.

Was zieht da 700 000 Besucher an? Nun – der Heidelberger Professor Gunther von Hagen zeigt präparierte Leichen: Raucherlungen, Schrumpfnieren, Infarktherzen, glatte und verkalkte Arterien. Ein Muskelmann hält seine Haut dem Publikum entgegen. Die Leiche ist täuschend echt: Das Gewebe der Toten wurde durch Silikonkautschuk ersetzt. Wenige Schritte weiter wartet eine Frauenleiche mit präpariertem Fötus.

95 % der Besucher bewerten die Ausstellung als »sehr gut« und »gut«. 38 % der Befragten zeigen sich – so Herr von Hagen – eher zu einer Organspende bereit.

Was treibt die Menschen in einer kalten Winternacht und um den Preis stundenlangen Wartens in den musealen Anatomiesaal? Reicht ihnen der virtuelle Horror, den sie aus Videotheken beziehen können, nicht mehr? Müssen es echte Leichenteile sein?

Oder erleben wir hier die Wiederkehr archaischer Lebensformen? Von einer in Ozeanien lebenden Ethnie wird berichtet, daß sie ihre Toten in großen Töpfen in ihren Hütten aufbewahrt. Die Toten sind Teil der Realität. Ein Aboriginal, der in Sydney einen Besuch macht, wundert sich – so heißt es – über die ungeheure Ansammlung von Menschen in der Stadt und gibt der Meinung Ausdruck, daß offenbar die Toten zusammen mit den Lebenden in der Stadt umherlaufen. Bei den Papua, Neuguinea, trägt die Witwe die Knochen ihres verstorbenen Mannes in einem Beutel mit sich. Kurz: Die Gegenwart der Toten und der Ahnen ist für die meisten nichteuropäisierten Gesellschaften eine Selbstverständlichkeit, sie schließen die Toten in ihre Geschichten, ihre Erlebnisse und Handlungen ein.

Die moderne Gesellschaft hat dagegen den Tod systematisch aus dem öffentlichen Leben verbannt. Selbst Erwachsene haben heute oft noch nie einen Toten gesehen. Der Tod ist eine hygienische Sache geworden, die sich in den sterilen Höllen der Krankenhäuser abspielt. Die reale Begegnung mit dem Tod kann allenfalls als Unfall oder Katastrophe überraschend zustoßen. Der Blick aus dem Auto auf die Unfallstelle, auf Blaulichter und Bahren, auf Schweißbrenner und blutgetränktes Verbandsmaterial ist die wahrscheinlichste Form, heute dem Tod zu begegnen.

Ich erinnere mich an eine sonntägliche Eisenbahnfahrt. Der Zug bleibt stehen. Ich ziehe das Fenster herunter und schaue im gleichen Augenblick auf Polizisten, die in blauen Säcken die Teile einer Leiche davontragen. Ein Selbstmörder hat sich vor den Zug geworfen und seine Gliedmaßen über die Gleise verstreut. Je systematischer der Tod aus dem Alltag verbannt ist, desto radikaler kommt er in Form von abgetrennten blutigen Leichenteilen zurück.

Die ganz andere Erinnerung schiebt sich dazwischen: Im indischen Delhi flackern am Ufer des Flusses die Feuer, auf denen die Toten verbrannt werden. In ein Tuch gewickelt, mit Blumen bestreut, die Toten, dazwischen die heiligen Rinder. Hier wird ein Holzstapel neu geschichtet, dort werden die Reste eines niedergebrannten Stapels in den Fluß gestreut. Die Verwandten sitzen dabei, während das Feuer entzündet wird und langsam den Körper des Toten erfaßt. Zuvor wird der Leichnam in den Fluß oder in ein Becken getaucht – eine finale Taufe, ein letzter Reinigungsakt.

Gegenüber dieser ruhigen Gegenwart des Todes in Delhi bei uns die Aussperrung, die aber nicht gelingt. Der Tod meldet sich ja spätestens – so könnte man sagen – im Abendprogramm, das täglich Tote im Dutzend liefert. Der zappelnde, ziehende, winkende Arm des Todes drängt sich körperlos in unsere Stuben. Davor schützt kein Kartoffelchip und kein Filzpantoffel.

Merkwürdig, daß in einer Zeit, in der Indianer Schrumpfköpfe und andere Leichenteile aus den Museen zurückfordern, um sie zu bestatten, beginnen die Europäer, Leichenteile ins Museum zu schaffen. Unheimlich zudem, daß diese Erfolgsschau in Deutschland stattfindet. Wie können – so frage ich mich – Veranstalter und Besucher eigentlich ignorieren, daß in den Vitrinen von Auschwitz

Berge von Haaren ermordeter Menschen ausgestellt sind? In Anatomielehrbüchern der sechziger Jahre, die in der deutschen Medizinausbildung verwendet wurden, gab es auch Kapitel über den Zusammenhang zwischen Streß und Fruchtbarkeit bei jungen Frauen. Stolz verwies man in diesen Werken auf ein großes Sample von Leichenschnitten als empirischer Grundlage für die Folgerungen. Ernst Klee hat herausgearbeitet, daß sich diese Sammlung von empirischem Material den Leichen solcher junger Frauen verdankt, die von den Nationalsozialisten hingerichtet worden waren. Die Nazis boten die medizinisch-anatomische Idealsituation für das Thema: Wie wirkt sich die bevorstehende Hinrichtung auf die Fruchtbarkeit aus?

Der massenhafte Andrang bei der Ausstellung von Leichenschnitten kann wohl nur verstanden werden als eine Antwort der Menschen auf ihre Erfahrungen. Man schaut sich ja an, was einen interessiert. Diese Menschen interessiert das Tote. Das nun aber ist der klassische Beleg für eine Störung, die man konventionellerweise Nekrophilie nennt. Nekrophilie ist die Liebe zu Leichen – eigentlich die sexuelle Attraktion durch das Tote. Erich Fromm definiert Nekrophilie als das leidenschaftliche Angezogenwerden von allem, was tot, vermodert, verwest und krank ist; Nekrophilie ist die Leidenschaft, das, was lebendig ist, in Unlebendiges umzuwandeln und zu zerstören um der Zerstörung willen; Nekrophilie ist gekennzeichnet durch das ausschließliche Interesse an allem, was rein mechanisch ist. Es ist die Leidenschaft, lebendige Zusammenhänge zu zerstückeln.

Was die Museumsbesucher da anschauen, enthüllt sich als die Liebe zum Leichenhaften: Der tote Körper ist mit raffiniertesten Methoden zerteilt und präpariert, der Blick gilt der technisch-mechanischen Perfektion in der Präparation ebenso wie in der Zerteilung des Lebendigen. Dies ist die vollendete Kombination von Mikrotechnik und toter Materie, verbunden mit der voyeuristischen Gier der Moderne. Darin besteht das Erfolgskonzept der Ausstellung. Nekrophilie kreist um den Wunsch, die Form, die das Leben mit dem Körper eingeht, zu zerstören. Auschwitz ist der erste Großversuch, bei dem aus menschlichem Leben Rohstoff werden sollte, bei dem Leben aus seiner Körperform herausgedrängt und verstofflicht wurde. Wenn Hunderttausende in diese Ausstellung eilen (die in den nächsten zehn Jahren durch die Metropolen der Welt wandern wird), dann enthüllen sie, daß die Gegenwart starke Züge hat, die sie als eine Kultur des Todes, als eine nekrophile Kultur, ausweisen. Deutsche U-Boot-Besatzungen trugen Pantoffeln, die aus dem Haar von Auschwitz-Häftlingen hergestellt worden waren.

ZUR HÖLLE MIT DEM LEBEN!

Das Leben und der Tod lösen sich vor unseren Augen von ihren Verkörperungen. »Leben« wird zu einem biologischen Rohstoff, den man bearbeiten, gestalten, kopieren und in noch nie gekannte Formen gießen kann. Am Ende des Jahrhunderts wird man diesen Prozeß der Vermanschung des Lebens in London auf dem Höhepunkt erleben können.

Keine wackelnden Eingeweide

Meine Filme gelten als besonders verstörend und gewalttätig, und ich lege großen Wert darauf, daß sie es sind. Nicht, weil ich Gewalt besonders schätze, sondern weil Gewalt genau das ist: verstörend, unbegreiflich und krank. In meinen Filmen hat Gewalt Konsequenzen ... Die amerikanischen Instanzen, die über die Altersfreigabe und damit auch über die Verwertbarkeit eines Films entscheiden, wollen erträgliche, unterhaltsame, sanfte, konsumierbare Gewalt. Sie wollen, daß die Leute umfallen und weg sind. Sie wollen nicht sehen, wie sie sterben, und sie wollen nicht sehen, wie sie getötet werden. Gern behaupten sie, daß bei allzu drastisch gezeigten Morden eine Nachahmungsgefahr bestehe. Wozu führt diese Logik? Ein Film, in dem ein Flugzeug in ein Hochhaus rast und Hunderte von Menschen sterben, wird für Kinder ab zwölf Jahren freigegeben. Aber diesen Kindern darf man nicht zeigen, wie jemand mit einem Messer erstochen wird. In meinem Film »Scream« wird ein Mädchen ... von seinem Mörder aufgeschlitzt und an einen Baum gehängt. Gegen diese Tatsache hatte die Moralbehörde nichts einzuwenden. Man zeigte mir später einen Zettel, auf dem eine Art moralisches Reglement geschrieben stand. Ich las: »Kein langes Leiden. Kein fließendes Blut. Keine wackelnden Eingeweide.« Es folgte eine längere Auseinandersetzung darüber, ob das Dampfen von Eingeweiden dasselbe sei wie Wackeln, und am Ende mußten wir Teile des Films herausnehmen. Solche Diskussionen stellen für mich das wahre Grauen dar.

Wes Craven, ehemaliger Literaturprofessor und Horrorfilmregisseur.
(ZeitMagazin 18, 1998)

In London soll zur Jahrtausendwende im *Millennium Dome* eine gigantische Ausstellung eröffnet werden, in deren Zentrum eine riesenhafte Figur unbestimmten

Geschlechts sitzen wird, zu seinen Füßen ein Riesenbaby, das allein schon acht Meter groß sein soll. Die androgyne Gestalt soll mit einer glänzenden Haut überzogen sein, die aus einer Million von Kinderbildern zusammengesetzt ist. Der Innenraum der Figur kann betreten werden und führt einen Tumor beim Wachstum oder auch eine Leber bei der Arbeit vor.

Die turmhohe Figur vollendet diesen Prozeß der Entkörperung, den auch die Mannheimer Leichenschau vorführt. Das »Leben« wird hier zu einem Rohstoff in Gestalt von Kinderbildern, das zur Haut des Riesenmonsters zusammengesetzt wird. Ähnlich übrigens wie die Chicken-McNuggets in Hamburger-Filialen aus Hühnerstaub geformt werden. Natürlich muß dieses Wesen androgyn sein, nicht allein, um männlichen und weiblichen Ansprüchen auf Repräsentation bei der Ausstellung gerecht zu werden, sondern weil zur Entkörperung der Ressource »Leben« auch die Ablösung des Lebens von seinen Konkretionen in Geschlecht, Alter oder Rasse gehört. Wie Sahne aus der Sprühflasche auf den Kuchen schießt, so entsteht die Vision vom zukünftigen Menschen gewissermaßen aus der Sprühdose, die mit dem formlosen Lebensglibber gefüllt ist.

Vom Rohstoff in den Köpfen

Gerhard Schröder hat in seiner Leipziger Rede, die Fritz J. Raddatz von der *Zeit* als die Rede eines Mannes charakterisiert, der sich nicht als Gewählten, sondern als Erwählten versteht, davon gesprochen, daß man den »Rohstoff in den Köpfen unserer Menschen« nutzen müsse. Das Bild ist gelungen: Rohstoffe werden ja im allgemeinen abgebaut. Was bleibt, wenn Rohstoff abgebaut wird? Die Leere, ein Loch. Gibt das die Richtung an?

Auf jeden Fall bricht dieser Satz noch einmal der Biologisierung des Kulturellen das Wort. Ist Platos Werk philosophischer Rohstoff? Ist die Summa theologica des Thomas von Aquin religiöser Rohstoff? Oder ist das, was Ingenieure und Empiriker heute absondern, zum Rohstoff geworden, den man aus den Hirnen zapfen kann?

Es kann nicht verwundern, daß die Londoner Riesenausstellung auch einen frommen Bezirk einschließt, der nach dem Muster eines religiösen McNugget zusammengesetzt ist: Unter dem teflonbeschichteten Glasfaserdach wird sich eine durchsichtige Pyramide erheben, in der »aller Religionen gedacht« wird. (Gedacht wird bekanntermaßen der Toten, womit die Religionen hier unwissentlich für tot erklärt werden.) Ein ökumenischer Garten wird die Pyramide umgeben, der seine Inspiration »aus der abgeschlossenen Ruhe christlicher Klöster, aus der Strenge japanischer Zen-Gärten und den überschwenglichen Formen muslimischer Anlagen bezieht« (Prospekt der Ausstellung). Die religiöse Altform wird hier geschreddert, zerstäubt, um dann aus der religiösen Rohmasse neue Formen zusammenzusetzen, denen der fromme Ernst selbstverständlich ausgetrieben ist, um ganz einer religiösen Dekoration Platz zu machen, die die Sinne durch ihren schönen Schein täuscht, aber nicht ergreift. Nietzsches

»Gott ist tot« wird überboten durch ein religiöses Recycling, bei dem Gott so etwas wird wie die Styropurkugeln, die man in Verpackungen findet, die aus Abfällen wiedergewonnen wurden.

Encounter 2001

Die amerikanischen Raumfahrtunternehmen Celestis und Aeroastro werden im Oktober 2001 ein Raumschiff vom französischen Weltraumbahnhof Kourou abschicken. Zwei Kilogramm menschlicher Haare werden an Bord sein. In jeder Haarwurzel steckt die komplette Erbinformation eines Menschen. Man will auf diese Weise Millionen Erdenbürger auf den Weg nach Alpha Centauri schicken. »Vielleicht wird eine außerirdische Rasse unseren Flugkörper dereinst als Treibgut aus dem Weltraum fischen«, meint David Goldstein, der Vizepräsident des Konsortiums »Encounter 2001«.

Auch hier sieht man die Modernen auf dem Weg aus dem fleischlichen Leben hinein in eine Todeszone, in der aus den Körpern eine Biomasse, ein Kulturglibber oder ein Religionsbrei geworden ist. Leben, Kultur und Religion sind zum Spektakel degeneriert, zur Show, zum Event – und weil das so ist, muß man die Befürchtung haben, daß die Modernen überhaupt den Begriff davon zu verlieren im Begriff sind, was das heißt: »Du sollst nicht töten!« Weil ihre Kultur längst eine Kultur des Todes geworden ist, eine nekrophile Ekstase, die im Begriffe ist, die Möglichkeit des Lebens und des Todes systematisch zu beseitigen. Das Leben, das zum Projekt von Designern geworden ist, macht aus dem Tod – das zeigt die Mannheimer Ausstellung – eine Designeraufgabe.

Zu den Biokraten, den Verwaltern des Rohstoffs »Leben«, gesellen sich die Thanatokraten, die den Tod als ein »Problem« begreifen und ihn dementsprechend verwalten, organisieren. Das Recht auf den eigenen Tod wird von den Thanatokraten vernichtet und die Kunst des Sterbens durch einen medizinischen Verwaltungsakt abgelöst. Wir sehen eine Zunft von Todesexperten sprießen, die im Verbund von Medizinern, Sterbetherapeuten, Enzephalographen und Beatmungsschläuchen ein geordnetes und erfolgreiches Sterben in die Wege leiten. Vorbei sind die Zeiten, in denen das Sterben eine Kunst sein konnte. Es beginnen die Zeiten, in denen das Sterben projektiert wird. Empirisch erforscht, überwacht und – seit Kübler-Ross – auch in eine Stufenfolge gebracht, verwissenschaftlicht sich der Tod. Schon morgen wird man nicht mehr in der falschen Sterbestufe herumlungern dürfen oder die Reihenfolge durcheinanderbringen können, ohne daß Experten einen sanft in die richtige Absterbeordnung zurückgeleiten.

Man ist ja selbst als Leiche nicht mehr sicher vor der Wut der Wissenschaft. Im März 1998 wird – sechs Jahre nach seinem Tod – der französische Schauspieler Yves Montand aus seinem Grab geholt – exhumiert –, weil ein 22jähriges Mädchen eine Vaterschaftsklage gegen den Toten erfolgreich angestrengt hat. An der Leiche des Schauspielers wurde ein Vaterschaftstest vorgenommen, der von Yves Montand zu seinen Lebzeiten verweigert wurde. Aus dem Grabmal des Unbekannten Soldaten in Washington wird eine Leichenprobe geholt, weil eine Frau reklamiert, der Unbekannte sei ihr Sohn. Ein Gentest soll das belegen. Man könnte sagen: Das Gebot »Du sollst nicht töten!« bleibt weit hinter dem zurück, was heute möglich ist: Du sollst – so müßte man wohl radikalisieren – dem Toten wenigstens seinen Tod lassen.

Ebenso wie das Leben dabei ist, sein Profil zu verlieren, indem es von der Person abgelöst wird, wird der Tod zu einem Rohstoff. Insofern verliert das Gebot »Du sollst nicht töten!« in vielen Bereichen überhaupt seinen Adressaten. Der Fötus, der nach einer Implantation von Embryonen zuviel ist, wird durch einen Stich in das Herz beseitigt. Medizinisch produziert, wird dieses »Leben« auch medizinisch eingestellt. Und so werden wir folgerichtig immer häufiger damit konfrontiert, daß beschädigtes oder nicht mehr voll funktionsfähiges Leben abgeschaltet wird.

Wer den Tod erst einmal erfolgreich von der Person abgelöst hat, wird sich einer Flut weiterer Fragen ausgesetzt sehen: Auf der 2. Europäischen Konferenz zur medizinischen Frage der Behandlung von Patienten im Wachkoma im Dezember 1995 wird vom Institut für Wissenschaft und Ethik (Bonn) und dem Centre of Medical Law and Ethics des King's College (London) ein Fragebogen vorgelegt, der die Bedingungen für die Euthanasie von Wachkomapatienten erheben soll. Unter Hinweis auf die angespannte Kostenlage wird die Einstellung von therapeutischen Maßnahmen bei Wachkomapatienten erörtert. Wie sagt der Volksmund? Wer A sagt, muß auch B sagen. Die Rationierung des Lebens zieht die Ordnung des Todes nach sich.

DAS WIRD EIN BILDERBUCHABGANG

Exit, die Schweizer Vereinigung für humanes Sterben, hilft beim Suizid. Herbert Breda ist der Meinung, daß es besser ist zu sterben, ehe man ganz zermürbt ist und leiden muß. Herr Breda ist ein Erfolgsmensch: Er kann mit seinen 88 Jahren jeden Tag in die Gegenstromanlage seines Pools steigen, verfügbar ist die Zweitwohnung auf Teneriffa. Aber er fürchtet einen Erstickungstod und bittet deshalb Exit um Sterbehilfe. Bevor der Mann den Giftkoffer öffnet, stellt er ein Wasserglas mit etwas Apfelsaft bereit, mit dem der Sterbepraktikant den bitteren Geschmack des Medikaments wegspülen soll. In einem Plastikablagekorb liegen alle Unterlagen bereit: die Briefe an Versicherungen, die Traueranzeige, Anweisungen für das Begräbnis usw. Als Herbert Breda den Exit-Boten begrüßt, sagt er: »Das wird ein Bilderbuchabgang« (So berichtet *Der Spiegel*, 6/1998). Die Stabilität des Todeswunsches wird geprüft, dann werden drei Antibrechpillen eingenommen. Herbert Breda füllt das Exit-Formular aus, in dem er seinen Selbstmord bestätigt. Dann trinkt Breda das tödliche Medikament. Er trinkt das Gift in einem Zug, der Exit-Bote sagt: »Das haben Sie prima gemacht.«

Das Gift lähmt seinen Atem, und Breda stirbt den Tod, den er gefürchtet hat. Er erstickt.

Ein australischer Arzt hat eine Maschine entwickelt, die es Menschen ermöglicht, sich vollautomatisch töten zu lassen. Nach einem Nein-Ja-Dialog mit dem Computer wird der Apparat in Gang gesetzt.

Viele Menschen fürchten heute nicht so sehr die letzten Stunden des Lebens, sondern fürchten die Intervention der Medizin. Über der hilfreich dargereichten Decke verzerrt sich ihnen das professionell-freundliche Lächeln von Ärzten und Schwestern zur Fratze. Es graut vor einer zwangsweisen Verlängerung des Lebens und vor den Qualen eines medizinisch überwachten Todes. Das ist ein Satz, den man von alten Menschen sehr häufig hören kann: das genau will man nicht. Demgegenüber dürften sich solche sauberen Abgänge, wie sie Herbert Breda inszeniert, zunehmender Beliebtheit erfreuen. Das ist nicht unverständlich. In diesem sauberen Abgang wird aber nicht der Sieg der Person über eine als entmündigend empfundene Medizin sichtbar. Das Ganze hat den Charakter eines Präventivschlages. Nicht die verlorene Kunst der Sterbens erobert Herbert Breda zurück, sondern ein Erfolgsprojekt, das Herr Breda offenbar gewesen ist, wird sauber abgeschlossen. Nekrophilie – so muß man sagen – bis zum letzten Atemzug. Was Herbert Breda macht, ist die in die eigene Regie genommene Realisierung dessen, was längst der Abschiedsgruß einer auf Perfektion angelegten Medizin ist: »Wir wünschen Ihnen einen erfolgreichen Tod.« Breda grüßt sich selbst und bringt damit die modische »Hilfe zur Selbsthilfe« auf den Begriff.

Die Verwaltung des Todes macht heute in Institutionen oder im Alleingang kräftige Fortschritte. Voraussetzung dafür ist, daß von der Person abgesehen und der Tod als »Problem« begriffen wird, das zu lösen ist. Die Lösung des Todes von der Person macht den Tod zu einem chaotischen sozialen Prozeß, der durch medizinische, technische und therapeutische Intervention in eine systematische und kontrollierte Ordnung übergeführt werden muß. Die gegenwärtig stattfindende Entwicklung von Sterbeknästen (wie Ivan Illich sie nennt) gehört dazu ebenso wie die Entwicklung von Suizidmaschinen. Der Tod in der Institution wird quantitativ das Normale. Jeder zweite Bundesdeutsche dürfte in einer »Einrichtung« (Krankenhaus, Pflegeheim, Hospiz) seine Tage beenden. In den Vereinigten Staaten liegt die Zahl (abzüglich derer, die am Steuer oder vom Infarkt niedergemäht werden) bei 80 %. Die Einschließung der Armen und Kranken, der Narren und Sterbenden ist – wie Ivan Illich anmerkt – kein Teil der Befreiungsgeschichte der Menschen. Es mag heute immer schwerer sein, diesen Einrichtungen zu entkommen. Angesichts des Zerbröckelns alter Auffangnetze (der Familie vor allem) ist diese Entwicklung vielleicht auch unausweichlich. Aber man sollte der Tatsache gedenken, daß man sich mit dem Betreten dieses Weges in die Verwaltung des Todes fügt. (Die dann schließlich in die perverse Form münden kann, daß die Institution »den persönlichen Tod« anbietet und organisiert: Sterben unter dem Gesichtspunkt der Qualitätskontrolle – nach DIN-ISO 9000. Nicht nur beim Sarg gibt es Preisunterschiede. Bei der Verwaltung und Organisation des Todes darf man auch ein »de luxe« und eine Kiefernholzvariante erwarten.)

Der Prozeß der Enteigung des Todes hat im Konzentrationslager begonnen. Da wird berichtet von dem alten Juden, der sich in eine Ecke verkriecht, um den Quälereien zu entkommen und zu sterben. Der SS-Mann tritt hinzu und zwingt den alten Mann mit Fußtritten in das elende Leben zurück: Hier wird nicht gestorben, wann man will, sondern wann wir wollen.

Geheime Reichssache

Am 5. Juni 1942 wird aus Berlin über technische Veränderungen an »Spezialwagen« berichtet. Es sind die LKWs, die zur Vergasung von Juden eingesetzt wurden. Von den Menschen wird als »Ladung« und »Stückzahl« geredet, ihre Todesschreie werden als »Lärm« registriert und ihre Ermordung als »Verarbeitung« bezeichnet. Der Tod wird industrialisiert, die Opfer werden zur Sache, die möglichst problemlos entsorgt werden soll.

»Seit 1941 wurden beispielsweise mit 3 eingesetzten Wagen 97 000 verarbeitet, ohne daß Mängel an den Fahrzeugen auftraten. ... Die Beschickung der Wagen beträgt normalerweise 9–10 pro m^2... Bei einer Verminderung der Stückzahl wird ... eine längere Betriebsdauer notwendig, weil die freien Räume auch mit CO angefüllt werden müssen. ... Um eine handliche Säuberung des Fahrzeuges vornehmen zu können, ist der Boden in der Mitte mit einer dicht verschließbaren Abflußöffnung zu versehen. Der Abflußdeckel mit etwa 200 bis 300 mm Durchmesser erhält einen Syphonkrümmer, so daß dünne Flüssigkeit auch während des Betriebs ablaufen kann ... Dicker Schmutz kann bei der Reinigung des Wagens durch die große Abflußöffnung fortgespült werden. ... *Es wurde ... in Erfahrung gebracht, daß beim Schließen der hinteren Tür und somit bei eintretender Dunkelheit immer ein starkes Drängen der Ladung nach der Tür erfolgte.* Dieses ist darauf zurückzuführen, daß die Ladung bei eintretender Dunkelheit sich nach dem Licht drängt. Es erschwert das Einklinken der Tür. Ferner wurde festgestellt, daß der auftretende Lärm wohl mit Bezug auf die Unheimlichkeit des Dunkels immer dann einsetzt, wenn sich die Türen schließen. Es ist deshalb zweckmäßig, daß die Beleuchtung vor und während der ersten Minuten des Betriebes eingeschaltet wird.«

Gruppenleiter II D
SS-Obersturmbannführer Rauff

DEATH CONTROL – DIE VERWALTUNG DES KÖRPERS

Ein Computerprogramm des Londoner Chirurgen und Softwareentwicklers René Chang sagt neuerdings den Ärzten, ob sich eine weitere Behandlung des Kranken noch lohnt. Ein grün leuchtendes Bett auf der Benutzeroberfläche heißt »moderates Risiko«, ein gelbes Bett steht für »hohes Risiko«. Das rote Bett bedeutet »volles Risiko«. Die Grenze zwischen Nintendo, dem Computerspiel mit Risiko, und der Intensivstation verschwimmt auf der Benutzeroberfläche. Das rote Bett bedeutet, daß der Patient keine Überlebenschancen hat und nach Ansicht des Computers sterben wird. Das Gewissen des Arztes und seine Kompetenz sind damit dem faktenagglomerierenden Computerprogramm untergeordnet. Die von Chang entwickelte Software verarbeitet die Krankenakte mit sämtlichen Patientendaten, Diagnosen, Laborwerten und Vitalitätsziffern. Moralische Probleme werden hier in technische Lösungen umformuliert: Die Beurteilung der Überlebenschancen eines Patienten auf der Intensivstation wird aus der Ungewißheit und menschlichen Fehleranfälligkeit entführt und in den Bereich der Berechenbarkeit übertragen. Auch an deutschen Universitätskliniken wird mit dem Programm experimentiert. Das Programm mit dem symbolträchtigen Namen O.R.A.K.E.L. bietet vor allem auch die Möglichkeit, Geld einzusparen und die Ressourcen einer Intensivstation zu optimieren, denn der Bildschirm zeigt in Mark und Pfennig begleitend an, was die Behandlung bisher gekostet hat und noch kosten wird. Ob das Programm sich nun bewährt oder nicht, ob es flächendeckend eingeführt wird oder nicht – das ist nicht so wichtig: ORAKEL zeigt uns in jedem Fall, daß der alte – irrende und wohltuende –, aber personale Sozialstaat durch ein emotionsfreies kontrollierendes Netz ersetzt wird, bei dem die Personen und ihr Gewissen durch Chips ersetzt sind, was die Fehlerquoten senkt, Kosten einspart – und eine vollendete gesellschaftliche Kälte zu bringen verspricht.

Schon längst wird die Versorgung pflegebedürftiger Hochaltriger zur finanziellen und medizinischen Last. Schon längst gibt es mehr medizinische Möglichkeiten, als zur Lebensverlängerung tatsächlich genutzt werden können. Daß man einem Neunzigjährigen kein Herz transplantiert, mehr implantiert, ist eh klar. Aber immer häufiger zieht die Möglichkeit zu lebensverlängernden Maßnahmen die entgegengesetzte Frage nach sich: Wieviel noch? Und damit sind wir auf dem Weg zur Euthanasie unter der Hand. Der Tod wird im Interesse der Sterbenden und auf Wunsch der Angehörigen in einer medizinischen Grauzone in Gang gesetzt.

Die Grauzonen-Euthanasie erobert sich jeden Tag mehr Territorium. Das Recht auf den eigenen Tod und das eigene Leben verschwinden, wenn der Tod in die Hände verwaltender Institutionen gerät. In Zeiten des Überflusses heißt es dann: Verlängern um jeden Preis. In Zeiten der Knappheit schlägt das Pendel in die andere Richtung: Keine Verlängerung, wenn sie zu teuer ist. »Ist die Sterbehilfe bei zu teuren Patienten aus Kostengründen berechtigt? Ich denke ja. Was wir in der Medizin heute haben, ist eine Rationierung«, sagt der Vizepräsident der Bundesärztekammer Jörg-Dietrich Hoppe. Die Nazis sprachen von der Gewährung des Gnadentodes, heute bewegen wir uns hin auf eine Entsorgung von zu teuer gewordenem »Leben«.

In vorauseilendem Gehorsam und in Exekution der aufkommenden Sparimperative schleichen sich Ökonomie und Rationalisierung immer mehr in die Beziehungen zwischen die Menschen in Extremsituationen ein. Der junge Zivildienstleistende, dessen Gewissen noch nicht gänzlich abgefroren ist, wendet sich mit einer Frage an seinen Chef: Er hat eine alte Dame im Pflegeheim lange versorgt. Nun teilen ihm Tochter und Arzt mit, er solle der alten Frau kein Essen und kein Getränk mehr geben. Die alte Dame beklagt sich, sie habe Durst. Der Vorgesetzte des Zivildienstleistenden stellt Tochter und Arzt zur Rede. Antwort: Man habe sich darauf verständigt – lebensverlängernde Maßnahmen zu unterlassen. Früher haben Altenheimmorde unter der Devise »Erlösung« stattgefunden. Das war gewissermaßen die personal-religiöse Ära. Jetzt tritt eine andere Sprachregelung für den kaum verhohlenen Mord ein: die Sprache der Ökonomie, des Sparzwangs, des als System betrachteten Patienten. Der Gerätemechanismus schlägt zurück auf die Person. Schaltete man bisher die Geräte ab, wird jetzt der Klient selbst ausgeknipst.

Im Zeitalter der Pauschalreisen werden auch die Angebote des verendenden Sozialstaates pauschalisiert. Eine Lebertransplantation wird künftig den Krankenhäusern pauschal mit 180 000 DM entgolten. Ob der Patient nach drei Tagen stirbt oder überlebt, bleibt sich gleich. Das sozialstaatliche Handeln entindividualisiert sich, er gibt gar nicht mehr vor, die Lage des Individuums zu erwägen, sondern das Systemelement Patient bekommt nun ein Austauschmodul. Es ist dann nur ein kleiner Schritt, die Kosten für das einzusetzende Modul auch von der Dramatik des perönlichen Falles abzulösen und den Patienten mit der Frage zu konfrontieren: Kannst du und willst du dieses neue Modul zum Pauschalpreis bezahlen? Noch lebt die Organtransplantation vom Pathos der Lebensrettung in letzter Sekunde. Allmählich schiebt sich der finanzielle Aspekt in den Vordergrund.

Wir werden bald sehen, wie sich die sozialstaatliche Dramatik in den Familien entfaltet, wenn es darum geht, ob Oma noch einen Bypass bekommt und dafür eine

Hypothek auf ihr Häuschen aufnimmt. Oder ob umgekehrt die alte Frau ihrem alten Mann die Herztransplantation zugesteht – auch wenn die beiden anschließend am Bettelstab wandern, denn dafür muß das Häuschen verkauft werden.

Der Sozialstaat hat die Droge Gesundheit reichlich unter die Menschen verstreut, nun – nachdem die Menschen süchtig sind – werden die Drogen entzogen. Jeden Tag werden neue medizinische Angebote von den Gesundheitsdealern auf den Markt geworfen, aber sie sind nicht mehr für alle da, und da sie immer teurer werden, werden sie immer mehr zu einer Ware, die sich Reiche kaufen können. Der freie Markt erobert die Orte der Gesundheit usw., und die Händler mit Gesundheit – die Ärzte, Pharmazeuten usw. – müssen die Sauerbruchmaske fallenlassen. Hier rettet kein Weißkittel mehr in dramatischer Aktion die bedrohte Person, sondern hier werden Luxusangebote aus der Gesundheitsboutique für die Reichen und medizinische Billig- und Fertigwaren (McMedizin) für die Nichtbegüterten angeboten.

Der Chip in seiner transzendentalen Neutralität kann beiden Zwecken dienen: der luxuriös-teuren und privatfinanzierten Lebensverlängerung und der personalsparenden und billigen McVersorgung. Den Vermögenden wird ein Chip nach dem anderen eingepflanzt werden, um die fossilierten ausfallenden Organe zu ersetzen und zu steuern. Die Chirurgie von morgen entfernt nicht mehr in erster Linie eiternde Blinddärme, sondern implantiert Steuerungsmodule. Die weniger Begüterten aber werden die chipgesteuerte kostengünstige Verwaltung ihrer Körper erleben. Schon jetzt werden verwirrten Heimbewohnern Chips in die Nachthemden genäht, damit sie – sollten sie das Haus verlassen – elektronisch zu orten sind oder Alarm auslösen, wenn sie das Haus verlassen. Damit spart man Nachtschwestern, Pförtner usw.

Diskutiert wird die Einführung der elektronischen Fessel nach amerikanisch-schwedischem Muster. Die Fessel erlaubt den kostensparenden Hausarrest, der zentral überwacht werden kann. In den Vereinigten Staaten gibt es von dieser elektronischen Fessel auch eine harte Variante, mit der man Gefangene bei Außenarbeiten mittels eines Stromschlages per Fernbedienung niederstrecken kann.

Daß an die Stelle personaler Beziehungen, die mißlingen oder gelingen können, eine totalisierende, effektive und geeiste Verwaltung der Körper tritt, kann man an einem anderen Beispiel illustrieren. Ein Beispiel, das auch symbolisch die Ablösung der alten Innerlichkeit durch eine neue technisch gesteuerte Innerlichkeit demonstriert, bei der – das ist nicht zuviel gesagt – die Seele und der Leib systematisch ausgeschaltet werden.

In einer großangelegten Studie wurden Geisteskranke bis zu 880 Tagen exklusiv mit BSD ernährt. BSD (Bilanzierte synthetische Diät) ist das, was der Laie unter dem Namen Astronautennahrung kennt. »Im Durchschnitt stellte sich die Stuhlfrequenz auf eine Defäkation in 9 Tagen ein, was zu einer wesentlichen Erleichterung bei der Pflege der Patienten führte, die sich zuvor häufig einkoteten. Im gleichen Maße sanken die Reinigungskosten für Bettwäsche und Kleidung, für Raumpflege und schließlich auch die Unfallquote auf der Abteilung. ... Die Patienten, welche vorher löffelweise mühsam gefüttert wurden, konnten die BSD mit nur geringer Assistenz trinken.« Schlafmittel und Tranquilizerverbrauch sanken. Der Autor Werner Fekl, der diesen Versuch zitiert, ohne die Nähe zum nationalsozialistischen Menschenversuch auch nur zu ahnen, schließt mit den Worten: *Es stehen ganz neue Wege offen.* Damit allerdings hat er auf bemerkenswerte und erschreckende Weise recht.

Der Sozialstaat war ein notwendiges Produkt der Industriegesellschaft und verschwindet mit derselben. Die aufkommende High-Tech-Gesellschaft schafft sich ihre Formen, mit der sie Störfälle managt. Zwei Folgen stehen im Vordergrund:

① Endlich befreit von lästiger altabendländischer Moral kann sie Gesundheitsangebote als einen Teil des Marktes definieren, auf dem medizinische Luxuswaren kaufen kann, wer Geld hat.
② Der im und am Körper angebrachte Chip übernimmt – im Cordon mit chemischen und biologische Mitteln – die Steuerung und Verwaltung der Körper, die nicht mehr als Personen, sondern als Systeme betrachtet werden.

EUTHANASIE: DER POLITKOMMISSAR GEHT – DER ETHIKKOMMISSAR KOMMT

Aus diesen Entwicklungen tritt notwendig die Ethikkommission hervor. Der Ethikkommissar wird immer mehr zur Instanz, die über Anfang, Variation und Ende des Lebens entscheidet. Und deren Tätigkeit, die sich selbst als Institutionalisierung von Gewissensfragen versteht, wird heimlich und unheimlich immer mehr Kostenfragen in ihr Kalkül einbeziehen müssen. Eine Fristenlösung für das Alter? Gnadentod aus Kostengründen. Deckelung des zu teuer werdenden Lebens? Wie hoch entgelten Kassen eigentlich 20 Minuten Sterbetherapie? Was kostet Euthanasie, und ist sie billiger als die Fortsetzung der Behandlung?

Selbst da, wo sich Skepsis gegenüber der Neoeuthanasie äußert, muß man wachsam bleiben. Der Göttinger Schmerzspezialist Professor Dietrich Kettler sagt: »Ärzte sollten nicht die Henker der Gesellschaft sein, sondern dafür sorgen, daß Patienten schmerzfrei sterben können, und dazu müßten Hochleistungsstationen flächendeckend eingeführt werden« (*Frankfurter Rundschau* vom

30. September 1996). Ob es wohl auch einmal eine Medizineräußerung zu dem Thema geben könnte, die nicht kombiniert ist mit dem gierigen Blick auf den Ausbau des eigenen Fachgebiets? Ist Schmerzbekämpfung nun wieder nur vorstellbar in einem an Weltmeisterschaften und Turnhallen erinnernden Hochleistungszentrum?

1991 wurde bei 129 000 Todesfällen über 60jähriger 19 675mal das Leben durch aktive Euthanasie beendet. In 11 575 Fällen wurden Menschen getötet, die nicht darum gebeten hatten.

In Deutschland müssen sich diejenigen, die das Euthanasieprojekt betrieben, besonders mit dem nationalsozialistischen Projekt auseinandersetzen. Und sorgfältig wird versucht, den Brückenschlag undenkbar zu machen. Aber fragen muß man sich eben doch: Die Euthanasie im Dritten Reich war rassistisch legitimiert, aber bei der Ermordung der Behinderten und der Alten standen die Gesundheit des Volkskörpers und Kostenerwägungen im Vordergrund. Unzweideutig beginnt sich heute bei uns die Euthanasiedebatte nicht nur mit der Beendigung von Schmerzen zu verknüpfen, sondern immer mehr auch mit dem Kostenargument. Und damit ist die Brücke zum Nationalsozialismus erst einmal da. Je länger das Leben ausgedehnt werden kann, desto unweigerlicher kommt die Frage nach der Rationierung des Lebens auf.

»Du sollst nicht töten!« Dürfen Soldaten töten? Darf der Staat töten? Darf man in Notwehr töten? Darf man Tyrannen töten? Das sind die alten Fragen, die sich mit diesem Gebot verbinden – und die Erörterungen dazu füllen Bibliotheken. Man kann pazifistische, juristische, humanitäre oder emotionale Antworten darauf geben. Überall aber ist das Töten mechanisierter geworden. Zwischen dem Söldner des Dreißigjährigen Krieges, der sein Messer in den wehrlosen Bauern sticht, und dem Hiroshima-Piloten, der eine Bombe durch einen Knopfdruck auslöst, die Hunderttausende tötet, ist nicht nur ein quantitativer Unterschied, sondern auch ein technischer Sprung. Kühl und kalkuliert ist das Töten geworden. Mörder werden vom Staat nicht mehr unter das Henkerbeil gezwungen, sondern Mediziner injizieren eine tödliche Dosis in die Adern. Die industrielle Ermordung von Menschen hat der Nationalsozialismus erfunden und geübt.

Das Töten ist heute – so haben wir versucht zu zeigen – in ein neues Stadium geraten. Je mehr Leben und Tod zu einem medizinisch-biologischen Projekt werden, desto schwerer ist die Frage zu beantworten, was das überhaupt heißt. Die Grenzen zwischen Leben und Tod verschwimmen, und Leben und Tod beginnen, sich von der Person zu lösen. Sie werden zur administrierten Rohmasse. Darum wird das alte Gebot in seiner Klarheit, in seiner personalen Schärfe von allerhöchster Bedeutung. Die Auflösung der Lebensgrenzen erlaubt es, dem Gebot den Rücken zuzuwenden. Es ist das Wächteramt der Nachdenklichen dafür zu sorgen, daß Medizin, Biologie und Technik nicht Situationen schaffen, in denen das Gebot mit den Worten: »Was soll das überhaupt heißen?« vom Tisch gewischt wird.

Eine 38jährige Frau wird im Koma in die Klinik von Pittsburgh gebracht. In dieser Klinik lassen Ärzte Schwerstkranke, die keine Fortsetzung der Behandlung wünschen (oder deren Verwandte diese Entscheidung fällen), unter ärztlicher Aufsicht kontrolliert sterben, mit dem Ziel, Organe zu »ernten«.

Noch auf der Intensivstation werden die ersten Vorbereitungen getroffen. Die Familie darf Abschied nehmen. Um 13.30 Uhr verläßt die Familie den Raum, eine halbe Stunde später liegt die Frau auf dem Operationstisch. Die Sauerstoffzufuhr wird heruntergefahren, Bauch und Brust für die Organentnahme präpariert. Um 14.42 Uhr entfernen die Ärzte den Beatmungsschlauch. Um 14.51 Uhr sind keine Herztöne mehr wahrnehmbar. Danach wird zwei

Minuten gewartet, um den Tod zu erklären. Um 14.54 Uhr wird das Transplantationsteam in den Raum gerufen. Der Arzt Michael de Vita sagt dazu: »Das ist wie bei einem Auto, das einen irreversiblen Motorschaden hat und deshalb nicht von selbst innerhalb von zwei Minuten gestartet werden kann, und man beschließt, es nicht in die Werkstatt zu bringen.« Wenn der Begriff des personalen Todes verschwunden ist, dann gibt es keine Hemmungen mehr.

Wolfgang Frühwald, der ehemalige Präsident der Deutschen Forschungsgemeinschaft, hat das in einem Interview ähnlich formuliert:

»Ich meine, daß die Grenze der Forschungsfreiheit dort erreicht ist, wo die Klonierung von Menschen befürwortet wird. Nachdem wir der Bundesregierung den Rat gegeben haben, sich für ein internationales Verbot der Klonierung von Menschen einzusetzen, wird uns vorgeworfen, wir hätten vorschnell gehandelt. Man brauche die Möglichkeit der Klonierung von Menschen zum Beispiel für die Verbesserung der Fruchtbarkeitsmedizin oder dafür, Organe, die man als Transplantate braucht, wachsen zu lassen. Ich halte diese Vorschläge für verfehlt, die dabei angewandten Methoden für inhuman. Und ich kann nur hoffen, daß diejenigen, die sich zur Menschenklonierung bekennen, sich der ethischen Verantwortung für das Leben, für den Menschen, für das Bild vom Menschen und für das Bild von der Wissenschaft bewußt sind ... Die Überlegung zum Beispiel lautet: Wir haben eine in vitro verschmolzene Samen- und Eizelle und geben diesem Embryo, der dann auch kloniert werden kann, einen ›Cocktail‹ von Wachstumsfaktoren hinzu, so daß der Organismus als ganzer kümmert, aber das eine Organ, das ich haben möchte, die Leber, die Galle, die Bauchspeicheldrüse, wächst. Man nimmt bei diesem Verfahren in Kauf, daß der Organismus nicht Mensch heißt, sondern Leber, Pankreas, Niere usw.

Ich halte solche Experimente für unerlaubt. Sie verletzen die menschliche Würde« (*Die Welt*, 23. Juni 1997).

Aber glaubt wirklich jemand, daß sich die Innovationswut der Menschen, die in den Life-sciences arbeiten, noch bremsen läßt? Das Gebot: »Du sollst nicht töten!« – so wie wir es verstanden haben – hat Nachrufcharakter. Das Leben und der Tod sind dabei, zum Rohstoff für die Life-sciences zu werden.

7. GEBOT

ICH UND DU

Der Widerspruch zwischen Treue und Flexibilität: Im Wirrwarr der Beziehungen

In der Welt des Tausches hat der unrecht, der mehr gibt: Während das Opfer, das er bringt, glorifiziert wird, wacht man eifersüchtig darüber, daß dem Liebenden das Opfer nicht erspart bleibe. Gerade in der Liebe selber wird der Liebende ins Unrecht gesetzt und bestraft … Mit der Gesellschaft reproduziert sich erweitert die Einsamkeit. Noch in den zartesten Verzweigungen des Gefühls setzt der Mechanismus sich durch, bis Liebe selber, um überhaupt noch zum anderen finden zu können, so sehr zur Kälte getrieben wird, daß sie über der eigenen Verwirklichung zerfällt.

Max Horkheimer/Theodor W. Adorno: Dialektik der Aufklärung

Du sollst nicht ehebrechen.

LIEBE WIE GÄNSELEBERPASTETE

»Die Liebe ist keine Symbiose«, schreibt Simone de Beauvoir in ihrem Tagebuch. Sie spricht von ihrer schwierigen, ebenso leidenschaftlichen wie langen Beziehung zu dem Philosophen Jean-Paul Sartre. Beziehung sagt man ja heute, wenn man ein Wort sucht, das diesen Zustand beschreibt, der nicht Ehe und nicht Freundschaft ist. Das Wort schließt schon das fragile Nichtinstitutionalisierte ein. Die Ehe war seit dem katholischen Mittelalter ein Sakrament, vor Gott geschlossen, ummantelt von der Familie beider Vertragspartner. Die »Beziehung« ist eine lockere Mikrostruktur, die gerade mal zwei Partner in einem Zusammenhang bringt, der allerdings Erinnerungen an etwas Klebriges weckt. In der »Beziehung« sind Fluchtwunsch und Notausgang schon angelegt.

Insofern paßt das Wort *Beziehung* auf Beauvoir und Sartre gar nicht. Das, was die beiden da gelebt haben, war ein Experiment, das sich mit Lust und Leid gegen jene verstaubte enge Zwangsgemeinschaft, als die sie die Ehe ansahen, zur Wehr setzte. Zu ihrer Zeit – in den dreißiger, vierziger Jahren – war die Ehe ja noch die herrschende Form, in die eigentlich nur Bohemiens, Mönche und Gescheiterte nicht eingebunden waren. Madame Beauvoir und Monsieur Sartre haben sich ihr Leben lang gesiezt, haben verschiedene Wohnungen gehabt, Freunde und Freundinnen geliebt. Freundinnen sogar bisweilen gemeinsam. Sie haben sich unverblümt über ihre Affären unterrichtet, die sich je und dann zu jahrelangen alles gefährdenden Leidenschaften entwickelten. Manchmal verzweifelt, manchmal ironisch, manchmal boshaft sind die Beichtbriefe. So schreibt Simone de Beauvoir über ihre Geschichte mit Bianca an Sartre: »Pathetische Nacht – leidenschaftlich, ekelerregend wie Gänseleberpastete und nicht von der besten Sorte.«

Die beiden haben aufgesprengt, was in den Ehen des 19. Jahrhunderts unter einem Dach vereint werden sollte und dort dennoch zentrifugal sein mußte: Die erotische Liebe und die Eheinstitution, an deren Unvereinbarkeit von Madame Bovary bis hin zu Effie Briest Menschen zerbrochen sind. Erotische Liebe und Gleichklang der Herzen sind Spaltprodukte im Leben der beiden Schriftsteller. Aber das war kein satter Zustand mit geordneten Lebensschubladen (hier die Beziehung, dort der Sex), sondern ein Seiltanzakt über den Abgründen der Verzweiflung und des Verrats. In der Fragilität dieses Verhältnisses konnte man es sich nicht gemütlich machen. Das alte Projekt Ehe gilt ihnen als gescheitert, das Neue wird unter Schmerzen geboren, wird gelebt nicht ohne Kränkungen und Streit. Vom Ehebruch kann insofern bei diesen beiden gar nicht geredet werden, wohl aber von den Verletzungen und Gefährdungen, die in ihrem Lebensexperiment unvermeidlich waren.

Sartre schreibt an Beauvoir: »Ich habe nie ein sauberes Sexual- und Gefühlsleben zu führen verstanden, ich empfinde mich zutiefst und ehrlich als Schwein und obendrein als mittelmäßiges Schwein, eine Art akademischer Sadist und verbeamteter Don Juan, bei dem man das Kotzen kriegt.« Beide dachten nicht an eine gemütlich-ordentliche Aufteilung des Lebens in brave Hausfrau und Mätresse nach altem Patriarchenmuster. Die beiden haben den Heimathafen der Ehe verlassen, um auf ein Meer von Unbestimmbarkeiten hinauszusegeln. Das neue Festland einer Verbindlichkeit im Meer der Unbestimmbarkeiten ist ihnen immer nur am Horizont erschienen. Hätten sie das neue Festland betreten können, wäre es ihnen womöglich sogleich zu einer neuen Art von Gefängnis geworden.

Sie probieren an einer neuen Lebensform zwischen Frau und Mann in einer Zeit herum, in der ihr Experiment noch skandalös ist. Die Jahrzehnte, die seitdem vergangen sind, haben nicht dazu geführt, daß das Experiment der beiden Platz gegriffen hätte. Das Beziehungschaos ist unfraglich gewachsen, Ehen und Lebensgemeinschaften zerfallen mit immer größerer Geschwindigkeit. Die alte lebenslange Monogamie ist fast verschwunden, eine Serie von Verknüpfungen (serielle Monogamie) ist an die Stelle getreten, ohne daß man den Eindruck hätte, daß die Menschen glücklicher geworden wären. Die Fiktion der Dauerhaftigkeit wird allerdings heftig beschworen, traditionelle Formen der Eheschließung werden wiederbelebt, bekommen aber etwas Dekoratives: Trauung wird zum Event. Hochzeitstourismus blüht auf. Die Leute transportieren sich und ihre Gäste in besonders romantische Kirchen nach Italien, zum Beispiel. Da steht dann der weiße Leihcaddillac von Maik und Nicole, die Orgel rauscht, der Priester segnet. Andere heiraten auf Golfplätzen, die Braut schwebt mit dem Drachenflieger ein – das Himmlische ist ins Technische gewendet. Das Vorbild ist die RTL-Traumhochzeit, die ja schon aus dem einst heiligen Akt, dem Sakrament der Ehe, erfolgreich eine Show gemacht hat. Die Fiktion der Dauerhaftigkeit wird krampfhaft aufrechterhalten, mit Show- und Ausstattungselementen wird die Flüchtigkeit dekoriert, um sie dauerhaft aussehen zu lassen. Zugleich wissen alle, daß die Enttäuschung über die bald verlöschende Flamme der Emotionen nur übertüncht ist. Wissen, daß es zu einer Freundschaft, die den anderen auch in Krisen hält, nicht reicht. Da sind dann Beauvoir und Sartre auf einmal ganz altmodisch in ihrer beharrlichen Sehnsucht nach Treue. Die beiden sind nicht die Vorboten der berüchtigten Flexibilität, die den Partner für erneuerungsbedürftig hält, als wäre der ein Modeartikel: Ex und hopp.

»TREUE ZÄHLT WIEDER«

Diesen Lifestylemodespruch darf man bald erwarten. Wenn alles der Flexibilisierung unterworfen ist, dann wird es sicher Trendexperten geben, die Stabilität in Beziehungen zur Mode küren. Aber Treue kann man eben nicht in der Boutique der Lebensstile kaufen, sondern sie erfordert Disziplin, die Bereitschaft von sich abzusehen, nachzudenken und zu verzichten. Für die Liebe gilt, was der französische Philosoph E. Levinás radikal formuliert hat: »Dir alle Rechte, mir alle Pflichten.« Und das ist eine Liebesprovokation, die so querliegt zu den Imperativen einer Marktgesellschaft, daß man sagen kann: Sie ist nur im Abseits, im Versteck, auf der Flucht vor dem Markt und seinen Gesetzen zu realisieren. Liebe wird so vielleicht zum Rückzugsgebiet gegen personale Deregulierung. Sie kann es sich nicht im Althergebrachten bequem machen, sondern muß atmen, leben, leiden. Wir befinden uns heute – verglichen mit Sartre und Beauvoir – in einer gänzlich anderen Situation: Ihre Kulisse war die Normalität der Ehe, zu der sie sich emphatisch oppositionell verhalten konnten. Unsere Kulisse ist die Unverbindlichkeit kurzfristiger Beziehungen oder klebrig-enttäuschter Beharrlichkeit. Da bleiben Leute zusammen, weil sie ihren Partnerbesitzstand wahren wollen: Gleichgültigkeit als Prinzip.

Schadensersatz

Weil sie einer Ehefrau den Mann ausgespannt hat, soll eine Amerikanerin aus dem Bundesstaat North Carolina eine Million Dollar Schadensersatz zahlen. So hat es die Jury entschieden. »Wir hoffen«, so sagt der Anwalt der verlassenen Frau, »daß diese Entscheidung Signalwirkung hat und dazu beiträgt, Familien zu erhalten.«

Sartre und Beauvoir haben sich nicht der starren Ehe fügen wollen und würden sich heute sicher nicht modischer Beliebigkeit einpassen. Aber sie würden wohl auch nicht angesichts des allgemeinen Bröckelns in den Hafen der Monogamie zurückfliehen: ging es ihnen doch immer um die Destruktion von Heimatphantasien. Freiheit und unbefragte Bindung sind ihnen nicht vereinbar.

Die Menschen sind heute obdachlos, sie treiben aneinander vorbei wie Eisschollen. Es ist ihnen eigentlich die Möglichkeit zum Ehebruch genommen, weil da nichts mehr zu brechen ist. Daraus aber ist eben nicht die Befreiung geworden, die ein experimentelles Miteinanderleben ermöglichte, sondern ein Konglomerat aus Enttäuschung, Angst und der Zwangsidee, es gäbe Chancen, die man gerade verpaßt.

Beauvoir und Sartre haben ein Leben in der Schwebe geführt, wie zwei Federn, die im Winde schaukeln, sich berühren und verlieren. Dahinter das ganze graue Einerlei des Normalen. Jetzt ist es, als wenn Frau Holle ihre Betten ausgeschüttelt hat: Tausende und Abertausende von Federn, die durcheinanderwirbeln, sich kurz berühren, um dann auseinanderzutreiben und sich für immer zu verlieren.

LEAN SEX

Ehebruch war einmal gefährlich, wunderbar, verletzend, Grenzen einreißend, befreiend und furchtgebärend. Ehebruch ist unter heutigen Bedingungen fast unmöglich und altmodisch geworden wie das Kranzgeld. (Das Kranzgeld stand früher Frauen zu, die ihre Unschuld angesichts eines Eheversprechens geopfert hatten.) Wenn die Ehe zur Farce geworden ist, dann gibt es auch keinen Ehebruch mehr. Es ist das, womit sowieso alle rechnen. Nur in Tatortkrimis ist die elegante Ehefrau in der leeren Villa noch fassungslos und mordbereit.

Fast könnte man die umgekehrte These wagen: Nicht die Ehe, sondern die Sexualität wird zur Zwangsveranstaltung. Sexualität ist nicht mehr das ekstatische Tor zum Glück, zum Rausch, zur Ekstase und Transgression, sondern sie droht – banalisiert – zu veröden. Sie wird – wie Volkmar Sigusch anzeigt – zur Quelle von Unfreiheit, Ungleichheit und Gewalt. Der Vatikan ist die letzte Instanz, die unbeirrt versucht, sexuelle Lust durch Verbote groß zu machen. Wenn es noch Sexualität gibt – jene gefährlich zwischen Tod und Leben flackernde Dynamik –, dann ist sie dem Papst zu danken, der noch an sie glaubt. In Frau Holles Wolke wirbeln alle durcheinander: »Der sexistische Mann. Der gewalttätige Mann. Die lustlose Frau. Der physisch oder psychisch abwesende Vater. Die zuviel oder zuwenig liebende Mutter. Das sexuell mißbrauchte Kind. Das sozial asymmetrische Paar. Der Single. Der transsexuelle Geschlechtsvollzieher. Der präventionsgerechte Schwule. Das gesegnete gleichgeschlechtliche Paar. Der Selbstverliebte. Der medial Sexsüchtige. Der mystisch Abstinente. Der elektronisch zerstreute Perverse. Der futuristische Cybersexer« (Volkmar Sigusch). Ein Panoptikum der erotischen Optionen, die den »Ehebruch« zu einem belächelten musealen Element machen – eine Erinnerung an Zeiten der Ordnung. War der Ehebrecher früher ein Wüstling, so hat er jetzt Konkurrenten bekommen, die alles überbieten. Empfindungen, die früher als krank oder abnorm angesehen worden wären, etablieren sich als neue Lebensarten: Sadomasochisten, Fetischisten, Transsexuelle flattern durch Talk-Shows. Der Begriff des Ehebruches wird da fast schon lächerlich-gestrig. Eine sexuelle Buntscheckigkeit hat sich breitgemacht, die aber – so ahnt man – nicht unbedingt die Fleischwerdung einer neuen Freiheit darstellt, sondern die aus der Beliebigkeit geborene erotische Impotenz allgemein macht. In einer Gesellschaft, in der nichts erlaubt ist, ist alles möglich. In einer Gesellschaft, in der alles erlaubt ist, ist nichts möglich (meinte Pier Paolo Pasolini). Da sexuell fast alles erlaubt ist, droht die Sexualität zu verdorren. Was noch einen Kick abzusondern imstande ist, wird sofort vor den Karren der Kommerzialisierung gespannt. Diese Kommerzialisierung ist – man möge sich durch die Abendprogramme zappen – begleitet von einem Geständniszwang, der alle geheimen Wünsche zu öffentlichen Beichtorgien macht. Wildfremde sagen Wildfremden – unter der Überschrift »Ich bekenne« – vor laufenden Kameras die persönlichsten Dinge und verschaffen sich dadurch das Gefühl, noch am Leben zu sein (Sigusch). Will jemand im Geheul und Gebrüll dieser deregulierten Sexualität noch von Ehebruch reden? Da kann man ja gleich mit der Pickelhaube spazierengehen oder einen Vatermörder anziehen. Es wird nicht mehr lange dauern und EB (Ehebruch) wird im Zeitalter der Seitensprungagenturen, der Flirtlines und Urlaubsanimateure als Propaganda für eine neue Form sexueller Perversion mißverstanden werden. FF, DS, TS, NK, ZA; TF; O; SBS; UB; SL; NS; AV; ZK – gekürzelte Angebote, die Sigusch aus Zeitungsannoncen zusammengelesen hat, vom Fist-Fucking bis zum Zungenkuß. Wer hält angesichts dieser sexuellen Luxus- und Spitzenangebote EB überhaupt noch für erwähnenswert?

»Das alte Prinzip der Lustmaximierung und das noch ältere Prinzip der Ehe- und Versorgungsmoral sind in eine individuell zu gestaltende und zu verantwortende Moral transferiert worden, eine Konsensmoral, deren deklarierte Kriterien Liebessymmetrie, Geschlechtssymmetrie und daneben auch noch HIV-Prävention sind. Aus dem revolutionären Eros ist, etwas zu modern gesprochen, Lean Sex geworden: selbstdiszipliniert und selbstoptimiert.« (Sigusch).

Romeo und Julia sind unter den Bedingungen der Diversifizierung von Sexualität ebenso unmöglich wie der

Ehebruch. Das aber schließt nicht aus, daß hinter der nächsten Ecke die Wünsche nach Lebensverhältnissen wieder wach werden, die die Vermarktung des Eros konterkarieren. Dann stünde nicht mehr und nicht weniger auf der Tagesordnung als die Wiedererfindung von Lebensverhältnissen, die die Liebe aus dem Beziehungssumpf herausführen. Liebe, die sich nicht in die Hände von Therapeuten oder Selbsterfahrungsgruppen begibt. Liebe, die den anderen nicht wie eine Ware abschätzt. Liebe, die nicht mit der Selbststeigerung beginnt, sondern mit der Verschönerung des anderen.

TECHNISCHER EHEBRUCH

Der Ehebruch ist auch deshalb symbolisch längst aufgehoben, weil sich heute Tausende von Ehepaaren Kinder machen lassen, indem sie sich einen Spender und ein Medizinerteam engagieren und besolden. Das ist der technische K.O. für die Ehe. Soll man etwa die Pipette des befruchtenden Arztes, die er in das Reagenzglas einführt, mit dem Geschlechtsakt vergleichen und da von Ehebruch reden? Wer bricht da – bei der medizinisch organisierten Reproduktion – mit wem und wann die Ehe?

Sexualität und Reproduktion werden immer deutlicher entkoppelt. Sexualität wird als traditionelle Methode zur Herstellung von Kindern allmählich zur vormodernen und damit risikoreichen Weise der Produktion. In der Viehzucht läßt man die Bullen ja auch nicht mehr zur Kuh, sondern die Kühe werden im Interesse einer Verbesserung der Ergebnisse künstlich befruchtet. Das sollen wir lernen und die Konsequenzen ziehen: Das TÜV-geprüfte Kind kommt nicht aus einer Liebesnacht, sondern aus dem Labor.

Reproduktionsteams werden heute zunehmend auch von solchen Eltern engagiert, die ein Kind wollen, aber ohne Sex. Die zerfallende Ehe entläßt aus ihren Trümmern Teile, die sich verselbständigen: Die Sexualität wandert in die bunten Zeitschriften, zum Telefonsex, in die Vergewaltigung, zur Prostitution. Das Kindermachen aber verlagert sich in das Laboratorium und löst sich dabei von Alter, von Geschlecht und von der Familie. Die Ächtung des Ehebruchs hing ja auch damit zusammen, daß die Männer sicher sein wollten, daß ihre Söhne auch wirklich ihre Söhne sind. Wenn aber Sexualität und Reproduktion auseinanderfallen, entschwindet ein zentraler Grund für das Verbot des Ehebruchs. Es schrumpft auf eine emotionale Komponente.

Die Ablösung der Kinderproduktion von Alter, Geschlecht und Familie hat der römische Arzt Severino Antinori besonders weit getrieben: Er überbietet – so kann man sagen – Gott. Sarah, der unfruchtbaren Frau des Abraham, wird ein Kind verheißen als sie 99 Jahre alt ist. Sarah und Abraham zweifeln an der Botschaft. Severino Antinori aber hat schon zahlreichen Frauen nach der Menopause zu Kindern verholfen. Er hat auch schon Frauen mit dem Samen ihrer toten Männer befruchtet. »Ich baue auf die Kraft der italienischen Familie«, behauptet Antinori, und wahrscheinlich glaubt er das wirklich. Familienfundamentalismus und medizinisch-technische Konstruktion von Familien schließen sich nicht aus. Ebenso wie heute High-Tech-Firmen von fundamentalistisch-religiösen Bossen geleitet werden, so kann man sich eine Kombination von High-Tech-Medizin und traditioneller Familiensentimentalität vorstellen.

In Europa sind, so wird gerechnet, 80 Millionen Paare steril, Tendenz steigend. Ein großer Markt also für die Reproduktionsmedizin. Die alten Naturzwänge können überwunden werden. Was Schicksal war, weicht dem Projekt. Einige Beispiele aus der Bestelliste der Reproduktionsmedizin:

- Embryonale Eier oder Eierstöcke können übertragen werden, so daß die Eiempfängerin ein Kind austrägt, dessen genetische Mutter nie geboren worden ist.
- Frauen gebären Kinder nach der Menopause.
- Eine Großmutter trägt das von ihrem Schwiegersohn befruchtete Ei ihrer Tochter aus und gebiert so ihr Enkelkind.
- Farbigen Frauen werden Eizellen von weißen Frauen eingepflanzt oder umgekehrt (in Holland als Laborverwechslung geschehen).
- Embryonen werden extrauterin geteilt, um die Chance für eine Schwangerschaft zu erhöhen.
- Zwillinge, Drillinge kommen im Abstand von mehreren Jahren zur Welt.
- In einer Frau, die gemäß momentaner medizinischer Definition tot ist, entwickelt sich ein Kind.
- Eine Schwangere zögert eine Achtlingsgeburt (in Folge hormoneller Behandlung) so lange hinaus, bis keines der Kinder mehr eine Chance hat, zu überleben. Angestiftet wird sie von einem Sensationsblatt, das über die Sensation laufend berichtet.
- Einen Samenspender, eine Eispenderin und eine Leihmutter kann die In-Vitro-Fertilisation verknüpfen und so eine medizinisch-technisch veranlaßte Familie produzieren.

Vom Individuum führt der Weg über das Dividuum zu einem Mixtum compositum, an dem noch einmal das Zerflattern der Person deutlich wird. Und wenn erst einmal menschliche Dollys unterwegs sind, also identisch kopierte Wesen, dann ist die Frage, ob X1 und X2, wenn sie mit Y1 und Y2 Geschlechtsverkehr haben, eigentlich Ehebruch begehen. Wo das Individuum aufhört, schwinden auch alte sittliche Normen, lösen sich auf oder werden lächerlich. Madame-Bovary- oder Effie-Briest-Katastrophen sind im Zeitalter der medizinischen Produktion von Menschen und Familien lächerlich und mit dem Auftreten des Dividuum haltlos.

Nur eine Verbesserung und Versoftung des alten Gebotes scheint noch möglich. Jörg Zink, der sich an einer Modernisierung der Zehn Gebote versucht hat, meint, daß das Gebot so formuliert werden müsse, daß es auch informelle Lebensgemeinschaften und nicht nur formale Ehen berücksichtige. »Wir kennen allein lebende Männer und Frauen, und auch deren Beziehungen sollten schön sein und gelingen.« Sein Vorschlag für eine Modernisierung des Ehegebotes: »Wenn dir Gott einen Menschen gibt, den du lieben kannst, dann geh' ehrfürchtig mit ihm um. Sei zuverlässig, hilf ihm, der freie Mensch zu werden, den Gott gemeint hat.«

Irgendwie klingt das nach Bibelkreis, nach dem paränetischen Gerede eines denkfaulen Pfaffen. Man kann sich nicht vorstellen, daß jemand, der den eisigen Wind der High-Tech-Gesellschaft um seine Nase pfeifen spürt, mit diesen Sätzen etwas anfangen kann. Eine softe Beliebigkeit spricht aus dem Text, gut gemeint usw. Irgendwie hat da ein ordentlicher Ehebruch mehr Klarheit, mehr Lust und Leid gehabt. Nun sind wir mit Zinks Satz entlassen in einen Anstandsmief, bei dem man sich irgendwie ständig moralisch selbst kontrollieren muß.

Regeln und Ordnungen müssen wir nach Zink finden, die in unserem Zeitalter der grenzenlosen Beliebigkeit noch gelten können und die wir mit gutem Gewissen auch in einen Katechismus für unsere Kinder hineinschreiben können. Wie soll das gehen, mit welcher Autorität soll das formuliert werden? Wie situationsspezifisch müßte das sein? Wer soll sich daran halten?

Die grenzenlose Beliebigkeit macht mißtrauisch. Man sieht formlose Fleischklumpen vor sich, denen mit Zinks Anstandsregeln ein paar Korsettstangen eingezogen werden sollen. Das ist mehr ein Kalenderspruch als ein schmetterndes Gebot. Die vollzogene und marktwirtschaftlich gewollte Deregulierung der Menschen ist nicht mit ein paar moralischen Denkübungen wieder einzufangen.

Ehebruch – genetisch-theologisch gesehen

Ehebruch ist nach Ansicht des anglikanischen Bischofs von Edinburgh Holloway die Auswirkung eines »wahllosen Gens« und damit keine Sünde. Die Menschen seien bestimmt, »ihren Samen zu verbreiten«, heißt es in einer Rede, die Holloway am 18. 5. 1995 zum Thema Sex und Christentum gehalten hat. Fremdgehen ist also eine »tiefverwurzelte genetische Sache. Also denke ich, es wäre falsch, Menschen als Sünder zu verdammen, die ihren Instinkten gefolgt sind.«

Daß heute Theologen bereit sind, jeden Schwachsinn zu reden, um noch einmal ins Gespräch zu kommen, wundert nicht. Aber die Geschwindigkeit, die hirnlose Dreistigkeit, mit der sich Theologen dem zeitgemäßen Biologismus anzuschließen bereit sind, kann dann doch verblüffen. Die gottverlassene Rede vom »wahllosen Gen« befördert die Entkörperung des Menschen, macht ihn zu einem Fleischklumpen, der den Imperativen der in ihn eingebauten Doppelhelix folgt.

Was wird die Konsequenz aus dem Wirrwarr der Beziehungen zwischen den Menschen sein? Was man befürchten muß ist, daß uns eine technisch-elektronische Regulierung der chaotischen sexuellen Beziehungen zwischen den Menschen droht. So wie der Straßenverkehr mehr und mehr elektronisch überwacht und geregelt wird, so läßt sich auch ein reibungsloser Verkehr zwischen den Menschen organisieren. Jedenfalls könnte die Idee in den Köpfen von Sozialingenieuren und ihren ausführenden Organen, den Politikern, entstehen. Die Initiation von Kontakten zwischen Menschen wandert ja schon in Zeitungsannoncen, Partnervermittlungsshows, Seitensprungagenturen, Flirtlines usw. ab. Zur Steuerung von Beziehungen steht eine Heerschar von Therapeuten mit schnell wechselnden Angebotsmoden zur Verfügung. Für die gelungene Trennung gibt es Mediatoren. Vertragsverhältnisse zwischen Partnern sind denkbar, bei denen der implantierte Chip den Sexualkontakt mit einem nicht zulässigen Partner registriert. Die Libertinage verlangt nach Einschränkungen und Regelungen. Es ist unglaublich viel bequemer, die Kontrolle, statt sie aus dem Charakter erwachsen zu lassen, an Moral überwachende und garantierende Apparate abzugeben. Warum sollen künftige Partnerschaftsverträge nicht die Konzession einer Reihe von Fremdkontakten pro anno einschließen, die über eine Seitensprungagentur vermittelt, medizinisch kontrolliert, die Lebensdauer eines Partnerschaftsbündnisses stabilisieren? Wenn eine heftige Liebe gespürt wird, so geht man zum Analytiker und stirbt nicht mehr dafür, sagt Max Horkheimer in einem Gespräch. Die therapeutische Stabilisierung von Beziehungen verlangt auf längere Sicht nach technischer Begleitkontrolle.

RETTET DEN EHEBRUCH

Man wird eine medikamentöse, therapeutische, elektronische, marktgerechte Gestaltung und Kontrolle der Beziehung zwischen den Menschen befürchten und erwarten müssen. Zu groß darf das Chaos zwischen den Menschen nicht werden, wenn daraus nicht Systemstörungen erwachsen sollen. Viagra, die Potenzpille, das neueste modische Pharmazeutikum, hat ja jetzt schon mehr Beziehungen zerstört, als es zu heilen vorgibt. Berichtet wird nämlich, daß Menschen ihre sexuellen Probleme mit Viagra zu heilen versuchen, aber nur um festzustellen, daß, nachdem der Sex wieder funktioniert, eine viel weitergehende Unverträglichkeit zwischen den Partnern zutage tritt, die bisher hinter dem erotischen Schweigen verborgen war. Je mehr Potenz und Libido, die von der Reproduktion ohnehin abgekoppelt sind, steuerbar werden (anschalten – abschalten), desto deutlicher wird es einen systematischen Regelungsbedarf geben. Das mag sehr unterschiedlich aussehen, kann bevölkerungsspezifisch organisiert werden. Da Arbeit immer weniger gebraucht wird, sollen sich doch – so könnte man denken – diejenigen, die zur Dauerfreizeit verdammt sind, mit Viagra und Joystick bis zur Bewußtlosigkeit vergnügen. Bei denjenigen aber, die noch gebraucht werden, muß das Sexualleben in geordneten und dosierten Bahnen verlaufen. Regelmäßiger, aber nicht chaotischer Sex dürfte dann zur Lebensplanung dazugehören, wie das Fitneßstudio, die Diätpille und das Psychotraining. Mentalitätsplaner werden sich nicht damit begnügen, Effektivität und Selbstbewußtsein des flexiblen Menschen zu trainieren, sondern die richtige Ernährung mit den notwendigen Sexualeinheiten verknüpfen. Der mit Sexualität ausgestattete Mensch aber bedarf des Gebotes »Du sollst nicht ehebrechen« nicht mehr.

Der Papst hat 1994 in einem Brief an die Familie gesagt, daß die Ehegatten bei der Empfängnis und Zeugung »Mitarbeiter Gottes als Schöpfer seien. Eheliche Vereinigung und Weitergabe des Lebens lassen sich nicht trennen.« Das ist wie die Stimme aus einer anderen Welt, einer begrabenen Welt, die den Ehebruch noch mit einer gefährlichen Würde ausstattete.

Alles, was wir heute in diesem Zusammenhang zu sagen imstande wären, droht schal zu klingen. Treue? Verläßlichkeit? Mitleid? Es riecht nach Ausflüchten. Und doch sind die Begriffe vielleicht die Kristallisationskerne im Chaos der Beziehung, die überhaupt eine Wiederentdeckung dessen ermöglichen, was die Verflüssigung der festen Institutionen ausgelöscht hat. Im Meer der Flexibilität ist Liebe nur realisierbar gegen die Angebotsmentalität, in der sich Menschen als qualitätskontrollierte Waren wahrnehmen sollen und wollen. Liebe ist das, was nicht marktgängig ist. Wie sie aussieht kann man ebensowenig beschreiben, wie man Gott zum Bild gestalten darf: Daraus wird immer ein Götze. Man kann die Erfahrung machen, daß sich Liebe ereignet, daß sie geschenkt wird, und sie ist dann wie ein Wunder, vor dem man fassunglos bleiben muß.

8. GEBOT

DIE GRENZEN DER HABGIER

Muß der Markt an die Kette gelegt werden?

Jede Generation seit 1850 hat so viele Güter produziert, wie alle Generationen vor ihr zusammen.
In den USA kostet die Verpackung der Waren jährlich soviel wie in ganz Indien die Grundversorgung mit Nahrungsmitteln.

Du sollst nicht stehlen.

NEUE GESETZESTAFELN?

Auf des Menschen Schultern allein scheint das Geschick des blauen Planeten zu liegen. An der Wende zum neuen Jahrtausend wissen wir, daß wir die Möglichkeit haben, Schrecklich-Barbarisches Wirklichkeit werden zu lassen, aber vielleicht auch mit der Chance begabt sind, aus der Welt einen bewohnbaren Ort zu machen. Wie das letzte gelingen soll, weiß wohl niemand. Gelingt es den Menschen, sich auf humanisierende Grundregeln zu verständigen? In den Menschenrechten scheint so etwas angelegt zu sein – aber nicht ganz ohne Grund behauptet die chinesische Regierung, daß sich diese doch europäisch-amerikanisch gefärbte Konvention mit ihrer Tradition nicht vereinbaren lasse. Ist das nur faule Ausrede, um in Ruhe Oppositionelle einsperren zu können? Das auch. Aber mit vielen traditionell orientierten Gesellschaften sind die Ideale demokratisch-partizipativer Kulturen nicht vereinbar. Müssen sie verschwinden? Muß die Weltgesellschaft – notfalls mit Gewalt – diese neuen Gesetzestafeln durchsetzen? Oder reißt damit lediglich ein ganz bestimmter kultureller Strom hinweg, was es an kultureller Vielfalt gegeben hat?

Aber sind nicht längst neue Gesetzestafeln da? Leben wir nicht schon mit einem neuen Kanon von ehernen Geboten, die nun nicht ein Moses aus der Hand Gottes empfängt und vom Sinai herunterschleppt, sondern die – von den Menschen selbst gegeben – zur Richtschnur modernen Handelns geworden sind?

Der alte mosaische Bund zwischen Gott und den Menschen hatte im Dekalog das *Recht,* der neue christliche Bund die *Liebe* in das Zentrum des Verhältnisses gestellt mit den Worten: »Du sollst deinen Nächsten lieben wie dich selbst.«

Heute ist ein anderer Bund an die Stelle getreten, mit

neuen Gesetzestafeln, die unter den Menschen heute mehr Gültigkeit beanspruchen als die Tafeln des alten Bundes: Es ist der Bund zwischen *Markt* und *Mensch*. Der Markt ist der Regulator des Wirtschaftslebens, ja der Weltverhältnisse überhaupt. Wir müssen – wie es geradezu religiös in den Berichten der Brüsseler Kommissare formuliert wird – »auf die Mechanismen des Marktes vertrauen«. Das *Marktvertrauen* will an die Stelle des *Gottvertrauens* treten. Wer sich nicht den Mechanismen des Marktes unterwirft, ist ein *Sünder* und bekommt die Strafe des Marktes unweigerlich zu spüren. Riccardo Petrella, Professor an der katholischen Universität in Löwen, hat die pseudoreligiöse Bedeutung des Glaubens an den Markt und seine Mechanismen beschrieben: Es gibt kein individuelles oder kollektives Heil ohne den Markt, und man kann hinzufügen: Der Glaube an den Markt ist die erste wirkliche Weltreligion, die in Japan ebenso wie in den USA, in Europa und inzwischen sogar in China gläubige Massen zu mobilisieren vermag.

Der Markt hat das Erbe der Religion angetreten. »Wenn ich eine Religion habe, dann die, daß ein Unternehmen wachsen muß«, sagt der Leihwagenkönig Erich Sixt. Walter Benjamin hat schon 1921 festgestellt, daß der Markt der Befriedigung derselben Sorgen, Qualen, Unruhen dient, auf die ehemals die Religionen Antwort gaben. Der Kult des Marktes ist traumlos, bewußtlos und absorbiert alle utopischen Energien, er verbreitet das Gefühl lichter Immanenz. Alles Leben hat da seinen Maßstab am Geld. Vergangenheit und Zukunft werden bedeutungslos. Was einmal Geist hieß – das ruhelose Entwerfen von Alternativen –, kommt zum Stillstand.

Die neuen Gesetzestafeln enthalten – so Petrella – sechs Gebote:

Das **erste Gebot** betrifft die Globalisierung des Kapitals, der Märkte, der Unternehmen und ihrer Strategien.

»Niemand kommt um den Globalisierungsprozeß herum!« – das sagen Minister und Unternehmer in Djakarta ebenso wie in Paris, Johannesburg oder Washington. Der indonesische Staatssekretär Bachrum Harahap formuliert: Die Globalisierung der Produktion, der Telekommunikation, der Verkehrsnetze und der Stromversorgung geht mit der Logik des Krieges einher: »Wenn es darum geht, Investoren ins Land zu holen, ist es wie im Krieg: töten oder getötet werden« (International Herald Tribune, 14. 9. 1995). Der Gott der Globalisierung duldet keine anderen Götter neben sich und hat eine Allmacht, die noch kein Gott der Menschen je hat beanspruchen können. ***»Du darfst dich den Zwängen der Globalisierung nicht widersetzen, wenn du überleben willst.«*** Das steht auf der ersten Tafel der neuen Gebote.

Das **zweite Gebot** resultiert aus der wissenschaftlich-technischen Revolution, die es in den letzten dreißig Jahren auf den Gebieten der Energie, der Materialforschung, der Gentechnologie, der Information und der Kommunikation gab. Es entsteht eine Informationsgesellschaft, und wer sich ihren Zwängen nicht unterwirft, verpaßt den Anschluß und wird über immer mehr Arbeitslose und immer weniger Geld verfügen. ***»Du mußt die Informationsgesellschaft vorantreiben, wenn du morgen noch dabeisein willst.«***

Das **dritte Gebot** verlangt, daß man konkurrenzfähig bleibt. Die Besten, die Stärksten, die Gewinner muß man stellen. Seid ihr es nicht, werden es andere sein. Das gilt nicht nur für Unternehmen, sondern ebenso für Nationen, Städte und Regionen, für Universitäten und Ministerien. Das dritte Gebot heißt also: ***»Du mußt deine Wettbewerbsfähigkeit auf dem Weltmarkt steigern.«***

Das **vierte Gebot** folgt aus den vorangehenden Satzungen: Die nationalen Märkte müssen liberalisiert werden, um einen schrankenlosen Weltmarkt zu schaffen, auf dem

Waren, Kapitalien, Dienstleistungen und Personen frei zirkulieren können. Die Interessen einer Gesellschaft und der souveräne Volkswille sind altmodisch oder sogar Ketzerei im Angesicht des über allem thronenden Weltherrschers: dem freien Markt. ***»Du sollst den Markt liberalisieren, so daß keine nationalen oder kulturellen Sonderwege ihm mehr zum Hindernis werden können.«***

Das **fünfte Gebot** folgt zwangslos aus diesen Voraussetzungen: Steuermechanismen aller Art, die in Wirtschaftsprozesse eingreifen, müssen dereguliert werden. Weder Bürger noch ihre parlamentarischen Repräsentanten dürfen Normen und Prinzipien formulieren, die in die freie Entfaltung der Kräfte des Marktes eingreifen. Der Staat hat lediglich günstige Rahmenbedingungen für die Unternehmen zu schaffen, deren Tun und Treiben nicht transparent sein muß, die sich unter dem Schutz umfassender Deregulierung der Anbetung des Wettbewerbs widmen können. ***»Du sollst deregulieren und den Unternehmen keine Einschränkungen irgendeiner Art auferlegen.«***

Das **sechste Gebot** zielt ab auf die Privatisierung aller Wirtschaftszweige. Der städtische Nahverkehr, die Eisenbahnen, der Luftverkehr, die Gesundheitsapparate, das Erziehungswesen, die Banken, die Versicherungen, die Kultur, die Wasser-, Strom- und Gasbetriebe, die Verwaltungsbehörden – sie alle müssen zu Teilen des Marktes und der freien Konkurrenz werden. ***»Du sollst alles privatisieren, was noch nicht privatisiert ist, und so den Staat und alle öffentlichen Angelegenheiten den Mechanismen des Wettbewerbs unterwerfen.«***

Der neue Bund, der Bund zwischen Markt und Mensch, der sich in diesen Geboten manifestiert, offenbart die Gottheit des 21. Jahrhunderts. Dieser Gott ist kein gütiger Gott, wohl aber ein allmächtiger. Er wird die Welt zum Schauplatz eines gnadenlosen Wirtschaftskrieges machen, in dem Individuen, Gesellschaften, Städte, Regionen,

Länder und Kontinente verbissen ums Überleben kämpfen. Es ist die Ablösung jenes Gottes, von dem die Christen annahmen, daß er ein guter Gott sei, der sogar seinen Sohn auf die Erde geschickt hat, um die Menschen von ihren Sünden zu erlösen. An die Stelle tritt nun ein ökonomischer Greuelgott, der wie Uranos bei den Griechen seine Kinder frißt, der wie der Baal der Karthager die in der Pfanne gerösteten Kinder verzehrt. Der diejenigen, die ihm huldigen, mit Gütern überhäuft, diejenigen aber, die ihm nicht huldigen wollen oder können, in namenloses Elend schickt. Die Zukunft der Ungläubigen heißt Hunger, Krankheit, Verdummung. Die neuen Gesetzestafeln werden – wenn wir sie nicht zerschlagen – die Ungleichheit zwischen den Menschen immer tiefer eingraben. Wissenschaft und Technologie werden zur Waffe, um Konkurrenten auszuschalten. Der entfesselte Markt wird dann nicht Arbeitsplätze und Wohlstand für viele schaffen, sondern die Profitquellen einer kleinen Minderheit ins Ungeheure steigern. Die Profiteure werden sich einen Blick auf die Verelendeten angewöhnen, der sie von allen Gewissensbissen entlastet. Die Idee des neuen Bundes zwischen Markt und Mensch zieht die Rechtfertigung des Elends der anderen nach sich. Sie werden nicht als Benachteiligte registriert, sondern als Versager. Und weil sie Versager sind, haben sie auch selber Schuld. Und weil sie selber Schuld haben, muß niemand etwas für sie tun. Kann gelingen, was Helmut Dubiel als Aufgabe formuliert: den Kapitalismus bis zur Unkenntlichkeit zivilisieren?

Der triumphale Einzug des Bundes von Markt und Mensch in das 21. Jahrhundert geht einher mit der Verabschiedung von der Idee der Humanität und Gerechtigkeit: Es scheint der Terror der Ökonomie sich durchzusetzen. Das Christentum hat ausgedient – vielleicht auch deshalb, weil es immer wieder versagt hat, vor allem aber, weil es die Schrecken des 20. Jahrhunderts mitgetragen hat: Von

Auschwitz bis Hiroshima sind die Barbareien des Jahrhunderts im Herzen christlicher Kultur entstanden. Nun muß man sagen: Die Barbarei hat eine große Zukunft, denn die neuen Gesetzestafeln haben eine Durchschlagskraft, eine Allmacht, gegen die kein Kraut gewachsen zu sein scheint. Wer »Seiner Heiligkeit« dem Markt widerspricht, ist schlechter dran als ein Ketzer, denn er ist nach allgemeiner Übereinkunft ein Trottel. Der Markt, der als neue Gottheit auftritt, ist deshalb so barbarisch, weil er nicht einmal vorgibt, ein guter Gott zu sein. Er ist vielmehr die Wiederverkörperung alter Schreckensgötter. Er kommt daher als das, was die Griechen »anankä« nannten – als Notwendigkeit. Ein gnadenloser, ein kannibalischer, ein blutrünstiger Gott.

Der neue Bund zwischen Markt und Mensch wird alle alten lokalen Bindungen und Gewohnheiten wie in einem Säurebad auffressen und auflösen. Kaltlächelnd, so muß man befürchten, wird er die in den Jahrhunderten der Aufklärung gewachsenen Ansprüche der Menschen niedertrampeln: Gerechtigkeit für einen Schmarren und Humanität als eine unzeitgemäße Sentimentalität diskreditieren.

Wir befinden uns an einer Bruchstelle. Die Jahrtausendwende wird den guten alten Kapitalismus, der sich noch in Staat und Familie kleidete, sich mit ein bißchen Religion die Wolfsschnauze puderte, zum Verschwinden bringen. Er hat rachitische Kinder in Hinterhöfen, stundenlange verblödende Arbeit an Fließbändern mit sich gebracht, aber eben auch so etwas wie Vollbeschäftigung, Massenkonsum, die Beseitigung des Hungers in den Regionen, in denen er herrschte. Wir stehen jetzt an einem Graben, der den geradezu gutmütigen Altkapitalismus von der herandrängenden globalen Marktgesellschaft trennt. Diese von ihren wohlfahrtsstaatlichen Eierschalen bereinigte globale Marktgesellschaft hat ihre Seßhaftigkeit aufgegeben und begibt sich ohne Zögern dahin, wo die besten Bedingungen zu finden sind. Regierungen und Gesellschaften, die sich der Logik dieser Ökonomie entziehen wollen, werden umgehend bestraft. Billionen Dollar, Mark und Yen werden täglich über Börsen der Welt um den Globus geschickt, werden dort eingesetzt, wo die Arbeitskräfte billig sind und wo die staatlichen und gewerkschaftlichen Bevormundungen minimal sind. Die europäischen Gesellschaften werden zwangsläufig in diesen Strudel hineingerissen und können ihre sozialen Errungenschaften – Wohlfahrtsstaat, hohe Löhne, Vollbeschäftigung – nicht retten. Ob die westlichen Demokratien dieser Umstrukturierung – Massenarbeitslosigkeit auf den Trümmern des Wohlfahrtsstaates – standhalten können, das bleibt abzuwarten. Ralf Dahrendorf hat vom Ende des sozialdemokratischen Jahrhunderts gesprochen und von der Gefährdung der Liberalität in den westlichen Demokratien. Man kann getrost eine partielle Afrikanisierung der europäischen Gesellschaften versprechen, wenn der Turbo-Kapitalismus pfeifend über die Köpfe der Europäer hinwegzischt. Da sind ökonomische Brandrodungen angesagt, deren Anfang wir gerade zu sehen bekommen. In Afrika existiert schon jetzt orbitanter Reichtum mit High-Tech-Attributen ganz selbstverständlich neben Massenarbeitslosigkeit.

Die wirtschaftlichen und sozialen Verwerfungen, die der Abschied von der Industriegesellschaft mit sich bringt, drohen die Stabilität der Gesellschaften – und die Stabilität der Regierungen – in der Welt zu untergraben. »Die Welt bewegt sich« – so sagt Ethan Kapstein – »möglicherweise in Richtung jener tragischen Momente, wo die zukünftigen Historiker dann fragen werden: Warum hat man nicht rechtzeitig reagiert? Waren die Eliten im Bereich Wirtschaft und Politik nicht in der Lage zu sehen, welche Verwerfungen die technische und wirtschaftliche Entwicklung mit sich brachte, und was hinderte sie daran, die notwendigen Schritte zu unternehmen, um eine globale Sozialkrise zu verhindern?« (Foreign Affairs 1996)

Die entfesselte Marktgesellschaft bedarf der moralischen Regulierung, sonst wird aus dem Prinzip der freien Marktwirtschaft ein Rattenrennen. Noch lassen sich die Menschen halb staunend, halb apathisch die Zerstörung des Sozialstaates und massenhafte Arbeitslosigkeit gefallen. Aber es ist die Frage, ob das so bleibt. 1998 haben Proteste von Arbeitslosen die französische Regierung unter Druck gesetzt. Die neuen Gebote des allerneuesten Bundes zwischen Markt und Mensch rufen allmählich Widerspruch hervor. Jugendrevolten in verschiedenen französischen Elendsvororten sind Sturmzeichen.

Trotz aller Einwände gegen den Dekalog – überholt, vergessen, ohne Autorität – darf man doch versuchen, auf die dort gesammelten Menschenerfahrungen zu rekurrieren, um der wütenden Marktwirtschaft einen humanisierenden Riegel vorzuschieben. Der Dekalog kann nicht die moralischen Probleme des 21. Jahrhunderts lösen, aber aus ihm läßt sich ein Programm der Humanisierung der Lebenswelt entwickeln, das den Bewohnern des kommenden Jahrhunderts vielleicht so etwas wie eine moralische Krücke bietet, die sie dann eines Tages wegwerfen können, um ihren eigenen Weg in eine humane Zukunft zu gehen.

Man muß die Menschen, die metaphysisch obdachlos geworden sind, einmal als das sehen, was sie geworden sind: Clochards und Penner in Nerz und Maßanzug. Sie leben – auch wenn ihr Bankkonto prall gefüllt ist – von der Hand in den Mund. Sie sind trotz des Besitzes von Aktienpaketen, Immobilien und Lebensversicherungen geistig verarmt, moralisch versteppt. Das einzige, was sie noch glauben können ist, daß die Macht des Geldes unüberwindbar ist und daß der Hurrikan des freien Marktes alles wegfegen wird, was sich ihm entgegenstellt. Nur manchmal und von Ferne hallt in den Menschen die Erinnerung daran nach, daß die Sehnsucht nach einer gerechten Welt durch den Furor des Marktes nicht erledigt ist.

Wir befinden uns heute an einer Wasserscheide, wahrscheinlich haben wir die Wasserscheide schon überschritten. Bisher gab es ein prekäres Gleichgewicht zwischen Markt und Moral. Allen Beteiligten war klar, daß der Markt durch Gesetze, durch eine Marktmoral, einzugrenzen ist, weil er sonst zu einem alles fressenden Ungeheuer wird. Das Mittelalter drohte dem gierigen Reichen mit dem Höllenfeuer. Man sieht in den Darstellungen des Mittelalters den Reichen oft, wie er von seinem Geldsack, der ihm um den Hals hängt, in die Hölle gezogen wird. Eine deutliche – für die Zeitgenossen verständliche – Warnung. Moderne Zeiten haben den Sozialstaat erfunden, um die Brutalität des entfesselten Marktes zu entschärfen und die Wunden zu verbinden, die er schlägt. Da sich aber heute die Menschen sowohl Gottes als auch dessen, was einmal das *Summum bonum,* das höchste Gute, war, entledigt haben, werfen sie sich vor dem Ersatzgötzen in den Staub. Ein Ersatzgötze, der sich den Seinen am laufenden Band im Wirtschaftsteil der Gazetten offenbart, der Gottesbeweise im Dutzend liefert, der seine Macht täglich demonstriert und an den Seinen qua Dax und Nikkei täglich Wunder tut.

Den guten Gott des Abendlandes, der verloren wurde, versuchte man im Wohlfahrtsstaat zu inkarnieren und so weiterleben zu lassen. Die Einrichtungen des Wohlfahrtsstaates galten jedem Bürger so, wie die Güte Gottes über allen Menschen schwebte. Wenn heute der Wohlfahrtsstaat zerschlagen wird und das Prinzip des kontrollierten »gezielten Beistandes« für jene, die ihn »nötig haben«, an die Stelle tritt, dann wird die Ungleichheit des Schicksals institutionalisiert (Zygmunt Baumann). Der Wohlfahrtsstaat versuchte, eine kollektive Absicherung gegen individuelle Katastrophen oder Desaster zu installieren. Nun aber – nachdem wir die Wasserscheide überschritten haben – steigen aus dem liquidierten Wohlfahrtsstaat die Couponschneider einerseits und die Wohlfahrtsempfänger andererseits auf. Vielleicht ist der Wohlfahrtsstaat der letzte Versuch gewesen, ökonomische Verantwortung in den Dienst moralischer Verantwortung zu stellen? Ob das immer gut gelang, sei dahingestellt. Jetzt aber wird moralische Verantwortung, wenn von ihr nicht überhaupt gleich geschwiegen wird, als Privatangelegenheit des einzelnen verstanden (Zygmunt Baumann). Aus dem Bürger ist bei der Gelegenheit ein Kunde geworden, aus dem Staat eine öffentliche Bedürfnisanstalt: Man darf seine Bedürfnisse anmelden.

Die gegenwärtige Erosion des Sozialstaates steht in einer heimlichen Analogie zur Ermordung Gottes im 19. Jahrhundert. Nietzsches immerhin spürbar leidvoller Schrei: Gott ist tot, lassen noch den Schmerz über den Verlust in jeder Zeile erkennen. Heute wird die mit uneingeschränkter Kälte vorangetriebene Zerstörung des Sozialstaates zum Ruin jener sozialen Ozonschicht, die die Menschen hilfsweise und an Stelle Gottes errichtet hatten.

1726 sind Jonathan Swifts satirische Reisegeschichten – Gulliver's Travels – erschienen. Gulliver landet bei den daumengroßen Liliputanern. Vom überstandenen Schiffbruch erschöpft, liegt er am Gestade der Winzlinge. Als er erwacht, haben die Liliputaner ihn, den Riesen, mit zahllosen Schnüren gebunden. Im Laufe der Zeit erwächst soviel Vertrauen zwischen dem gefährlichen Riesen und den Däumlingen, daß die Fesselung gelockert werden kann und schließlich ganz entfällt. Im Grund beschreibt Swift einen Prozeß der Verinnerlichung. Die Bindfäden, mit denen Gulliver gefesselt ist, sind die anfänglichen Gesetze, die die Beziehungen zwischen den Ungleichen bestimmen.

Die äußeren Bindungen können entfallen, wenn das verinnerlichte Vertrauen hergestellt ist. So kann man Swifts Beschreibung auch begreifen als ein Bild für den Prozeß der Verinnerlichung von Bindungen, die die Voraussetzung für die Beziehung zwischen Menschen sind. *Die Zehn Gebote können als das uralte Bindewerk einer Gesellschaft begriffen werden, die noch am Anfang des Prozesses der Verinnerlichung von Geboten, vor der Entstehung des Gewissens, sich befindet.* Die äußeren Bindungen können entfallen, wenn verinnerlichte Gewissensinstanzen entstanden sind.

Wir befinden uns heute in einer Situation, in der der entfesselte Gulliver überraschenderweise anfängt zu randalieren. Wir Liliputaner sind einer entfesselten Ökonomie ausgesetzt, die mit riesigen Schuhen die eher zarten Gebäude unserer Sozialität zerstampft. Gulliver führt einen Veitstanz auf, und er zertrampelt unter sich alle Kulturen und Lebensweisen, so daß alles Gestaltete zu gleichförmigen Trümmerstücken zerbröselt. Was sich bei Swift im ironischen Märchen andeutet, hört sich ein Jahrhundert später so an (und man möge den stampfenden Gulliver vor sich sehen): »Die Moderne ... hat alle feudalen, patriarchalischen, idyllischen Verhältnisse zerstört. Sie hat die buntscheckigen Feudalbande, die den Menschen an seinen natürlichen Vorgesetzten knüpften, unbarmherzig zerrissen und kein anderes Band zwischen Mensch und Mensch übriggelassen, als das nackte Interessen, als die gefühllose ›bare Zahlung‹. Sie hat die heiligen Schauer der frommen Schwärmerei, der ritterlichen Begeisterung, der spießbürgerlichen Wehmut in dem eiskalten Wasser egoistischer Berechnung ertränkt. Sie hat die persönliche Würde in den Tauschwert aufgelöst und an die Stelle der zahllosen verbrieften und wohlerworbenen Freiheiten die eine gewissenlose Handelsfreiheit gesetzt. ... Dic Moderne hat dem Familienverhältnis seinen rührendsentimentalen Schleier abgerissen und es auf ein reines Geldverhältnis zurückgeführt... Alles Ständische verdampft, alles Heilige wird entweiht, und die Menschen sind endlich gezwungen, ihre Lebensstellung, ihre gegenseitigen Beziehungen mit nüchternen Augen anzusehen.« Das sind – mit einer kleinen redaktionellen Änderung – die 1848 veröffentlichten Worte von Karl Marx und Friedrich Engels. An die Stelle der *Bourgeoisie,* von der das Kommunistische Manifest redet, haben wir freilich die *Moderne* gesetzt. Und da kommt man dann nicht umhin festzustellen, daß diese Analyse immer noch den Nagel auf den Kopf trifft. Es tanzt der vom Furor erfaßte Gulliver und zerstampft alles, was sich hat bilden können, zu Staub. Zusammengesetzt werden die zerstäubten Beziehungen der Menschen wieder nach dem Muster der Chikken Nuggets von McDonald's oder der Iglu-Fischstäbchen – das einzige Bindemittel, das bleibt, ist die genannte »bare Zahlung«.

Der Managing Director von Olivetti, Helmut F. Karner, hat gesagt: *»Die World Financial Economy, die Anzahl aller Finanztransaktionen auf dieser Welt im Jahr 1993, umfaßten 400 Billionen Dollar. Von diesen 400 Billionen Dollar waren genau nur 27 notwendig, um für alle Waren- und Dienstleistungen auf dieser Welt zu bezahlen. Die restlichen 93 Prozent waren Spekulation.«* Die Ökonomie steht immer mehr im Dienst substanzloser Geldvermehrung. Die Macht des Geldes erhebt sich über die gesellschaftspolitische Macht des Staates und ersetzt den Gesetzgeber, den Willen des Volkes (André Gorz). Die Marktgesetze haben längst die Gesetze des Staates abgelöst. Immer mehr sieht es so aus, als wenn nicht mehr der Mensch arbeitet, sondern das Geld: Täglich werden 1400 Milliarden Dollar auf Devisenmärkten gewechselt. In Deutschland sind die Gewinne der Unternehmen dementsprechend seit 1979 um neunzig Prozent gewachsen, die Löhne dagegen um sechs Prozent. Die meisten transnationalen Firmen wie Siemens oder BMW zahlen im Inland keine Steuern mehr. Sie verbuchen ihre Gewinne da, wo sie günstige Steuergesetze vorfinden. An Orten, die außer den Kosten für die Belieferung der Briefkästen keine Infrastrukturleistungen zu erbringen haben. Da, wo die Marktgesetze in Europa am radikalsten den Sozialstaat ruiniert haben, in England, ist das am deutlichsten: In mehr als zwanzig Prozent der englischen Haushalte mit Kindern ist kein einziger Erwachsener erwerbstätig. Jedes dritte englische Kind lebt in einem Haushalt, dessen Einkommen unter der Armutsgrenze liegt.

Die Länder der EU sind in den letzten zwanzig Jahren um fünfzig bis siebzig Prozent reicher geworden, aber fünfzig Millionen werden als Arme gezählt, fünf Millionen sind obdachlos.

Hitler zerschlägt – wie wir gezeigt haben – die Moral des Dekalogs in der Mitte des 20. Jahrhunderts. Und dies unter Hinweis auf die Gesetze der Natur. Man muß sich fragen, ob sich Hitler mit seinen Plänen nicht durchgesetzt hat. Avancierte Wissenschaftler würden die Rede vom Gewissen doch in das abtretende Jahrhundert zurückverweisen. Mensch und Gesellschaft werden immer deutlicher als Systeme begriffen, als Einheiten, die nach dem Muster kybernetischer oder biologischer Abläufe begriffen werden. (Ganz abgesehen von dem Versuch, den Menschen als ein von seinen Genen gesteuertes und determiniertes Wesen zu begreifen.) Wer hier A sagt, muß sich fragen lassen, wie die Hitlerschen Konsequenzen vermieden werden sollen. Und wer das Marktgeschehen wie ein Naturgesetz begreifen möchte, dem wird es schwerfallen, Gründe zu finden, an dem potentiell gewalttätigen Satz vom »Recht des Stärkeren« vorbeizukommen. »Die Natur ist grausam, darum dürfen wir es auch sein.« Das war der Witz: Menschwerdung beginnt eben da, wo die Beziehungen der Menschen sich nicht natürlich gestalten, wo nicht das Recht des Stärkeren gilt. Das ist vielleicht das innerste Geheimnis des Dekalogs: Daß es dem Recht des Stärkeren einen Riegel vorschiebt und damit so etwas wie Menschwerdung und die Entstehung von Gesellschaft möglich macht.

9. GEBOT

WAHRHEIT, LÜGE UND BANALITÄT

Die Exzesse der Informationsgesellschaft

Ein Bundesgeschäftsführer muß auch einmal entgegen seinen eigenen Erkenntnissen etwas verkünden, was nicht ganz der Wahrheit entspricht, wenn es der Partei dient.
Müntefering, Bundesgeschäftsführer der SPD

Du sollst nicht als Lügenzeuge gegen deinen Nächsten aussagen.

Rosalind W. Picard, Professorin für Medientechnologie, hat auf einer Konferenz am berühmten MIT (Massachussets Institute of Technology) in einem Vortrag über die Konstruktion von Computern gesprochen, die über emotionale Qualitäten verfügen. »Is giving computers emotions« – so fragt sie – »the last thing necessary to close the gap between humans and computers?« Die Folgefrage, die sich für sie ergibt: »Will computers need to be given a feeling of right and wrong?« Eine interessante Überlegung schon deswegen, weil man fragen muß, wer dann bestimmen wird, was ›richtig‹ und ›falsch‹, ›gut‹ und ›böse‹ ist. (Professor Rodney Brooks, Direktor des Artificial Intelligence Laboratory, MIT, fügt diese spannende Frage hinzu: Wenn eine Maschine sich erst einmal fürchten kann »of what should it legitimately be afraid?«)

In Argentinien wurden während der Diktatur Menschen in Lagern gefoltert und getötet. Die Kinder haben sich Argentinier angeeignet, die selber keine Kinder haben konnten. Unter anderem sind Zwillinge bei der Familie von Samuel Miara, einem der Lagerkommandanten, gelandet. 1998 ist dieser Kinderraub bekanntgeworden. Die Zwillinge wollen bei ihren Pflegeltern bleiben und argumentieren: »Ein Baby ist eine leere Computerdiskette, die darauf wartet, bespielt zu werden« (*Der Spiegel*, 25/98). Die Näherung von Mensch und Maschine geht – wie man sieht – von beiden Seiten aus. Immer häufiger werden Apparaten menschliche Qualitäten zugeschoben, und immer schneller beschreiben sich Menschen in der Terminologie der Computersprache (»Ich suche einen kompatiblen Freund …«). Judith Butler hat vom Ende des Geschlechterzwangs gesprochen: Es sei nunmehr möglich, eine optimale Mischung des Weiblichen und Männlichen jenseits einer auf ein bestimmtes Geschlecht bezogenen Ableitung von Ressourcen und Fähigkeiten zu erreichen: Der Mensch ist wie die Maschine eine Konstruktionsaufgabe geworden. Human wetware – jene Masse aus Fleisch, Knochen und Flüssigkeiten – gerät unter die Imperative des Designs.

Expostminister Christian Schwarz-Schilling hat 1993 auf einer CDU-Konferenz über eine neue Medienethik gesagt: »Medien halten uns einen Spiegel vor, wie wir in dieser Gesellschaft leben: ohne Gottesbild, ohne Menschenbild, *ohne Zehn Gebote.*« Was da not tue, sei keine neue Ethik, »sondern einfach die Ethik, die wir alle eigentlich gelernt haben müßten.« (Sitzungsprotokoll: starker Beifall, vereinzelte Bravorufe.) Das ist natürlich der Rückgriff in eine Lebenswelt, die es gar nicht mehr gibt. Die sich anbahnende Verschmelzung von Mensch und Maschine, schon das Nachdenken darüber, löst endgültig alte Kategorien von verinnerlichter Ethik auf und stellt überkommene Festkörper in Frage: Gut und Böse, Wahrheit und Lüge werden Konstruktionsaufgaben.

Die wichtigsten Interessenverbände von Fotografen und Journalisten in Deutschland haben sich 1997 auf eine Kennzeichnungspflicht für manipulierte Fotos geeinigt. Jede Bildmanipulation soll in Redaktionen mit einem M gekennzeichnet werden. Hintergrund sind die weitreichenden Möglichkeiten der elektronischen Bildbearbeitung. Was waren das für Zeiten als Stalin Trotzki von der Rednertribüne wegretuschieren ließ. Was für ein Skandal die Aufdeckung der Retusche. Damals schien die Differenz zwischen Wahrheit und Lüge, zwischen Realität und Schein noch gewahrt. Jetzt geraten Bilder in jenen Bereich, in dem sich auch Lebensmittel schon befinden, die vielleicht, vielleicht auch nicht, als gentechnologisch manipuliert gekennzeichnet werden sollen.

Die Kennzeichnungspflicht wird in beiden Fällen nicht verhindern, daß wir uns sehr schnell daran gewöhnen werden, daß der Rapshonig dem Labor mehr verdankt als den Bienen und daß die Realität den Bedürfnissen der mediengerechten Darstellung weichen muß. Schauspieler, die nicht mehr leben, treten wieder in Filmen auf, der Golfkrieg ist – wie Paul Virilio gesagt hat – ein Medienereignis gewesen. Kurz: Die Abbildung erlaubt immer weniger den Schluß auf das Abgebildete.

In diesen skizzierten Entwicklungen ist der vorerst letzte Schritt zur Aufhebung dessen getan, was wir bisher Wahrheit und Lüge genannt haben.

Friedrich Nietzsche hat in seiner Schrift »Über Wahrheit und Lüge im außermoralischen Sinne« diesen Tatbestand schon längst vorausphilosophiert. Die menschliche Wahrheit spiegelt nicht die Wahrheit der Dinge, sondern sie beruht auf Konvention, die dazu dient, sich im Zusammenleben zu verständigen. Ein Lügner ist, wer die Begriffe gegen diese Konvention anders gebraucht, etwa um sich gegenüber Stärkeren zu behaupten. Der Mißbrauch der Wahrheit ist schon deshalb nicht verwerflich, weil sie selber ontologisch schwach fundiert ist. »Was ist ein Wort? Die Abbildung eines Nervenreizes in Lauten. Von dem Nervenreiz aber weiterzuschließen auf eine Ursache außer uns, ist bereits das Resultat einer falschen und unberechtigten Anwendung des Satzes vom Grunde. ... Was ist also Wahrheit? Ein bewegliches Heer von Metaphern, Metonymien, Anthropomorphismen, kurz eine Summe von menschlichen Relationen, die, poetisch und rhetorisch gesteigert, übertragen, geschmückt wurden, und die nach langem Gebrauche einem Volk unveränderlich, canonisch und verbindlich dünken: Die Wahrheiten sind Illusionen, von denen man vergessen hat, daß sie welche sind.« Die Wahrheit ist – so Nietzsche – eine Konvention zu lügen, scharenweise in einem für alle verbindlichen Stil zu lügen. Der wahrheitsgläubige Mensch ist – Nietzsche zufolge – ein Mensch, der sich durch Begriffe beherrschen läßt, die er aus Bildern abgeleitet hat. In der Informationsgesellschaft nun scheinen die

Bilder selbst die Herrschaft ergriffen zu haben und den Menschen zu infiltrieren, zu leiten und zu gestalten.

Mit dieser Machtergreifung der Bilder geht ein merkwürdiges Verschwinden der Dinge einher. »Undinge dringen gegenwärtig von allen Seiten in unsere Umwelt, und sie verdrängen die Dinge. Man nennt diese Undinge ›Informationen‹« (Vilém Flusser). Die elektronischen Bilder auf dem Fernsehschirm, die in den Computern geladenen Daten, all die Filmbänder und Mikrofilme, Hologramme und Programme sind »weich«, sie sind »soft«. Diese Informationen sind zwar in Dinge eingelagert (Kathodenröhren, Zelluloid, Chips usw.), aber die materielle Unterlage der neuartigen Informationen ist – wie Flusser sagt – verächtlich: Was man daran merkt, daß Hardware immer billiger, Software indessen teurer wird. Die Umwelt des Menschen wird damit immer weicher, nebelhafter, gespenstischer. »Wir sind immer weniger daran interessiert, Dinge zu besitzen, und immer mehr daran, Informationen zu verbrauchen.« Da geschieht das, was man früher eine Umwertung aller Werte genannt hat: Die Dinge werden wertlos, alle Werte verschieben sich in die Informationen. Der neue Mensch, der in diesen Informationswelten haust, ist kein Handelnder mehr, sondern ein Spieler. Auch verliert das Leben seine Gestalt als Drama und wird zum Schauspiel. »Der neue Mensch will nicht haben, sondern er will erleben. Weil er an Dingen nicht interessiert ist, hat er keine Probleme, sondern Programme.«

Die Welt spaltet sich unter dieser Prämisse in Programmierer und Programmierte, in die Klasse jener, die Programme herstellen, und solche, die sich programmgemäß verhalten. Wobei der einzelne je nach Lebenssituation mal Programmierer, mal Programmierter sein kann. Der programmierte Totalitarismus, der da entsteht – so sieht es Flusser –, wird den an ihm Beteiligten nicht mehr feststellbar sein, er wird für sie unsichtbar werden. »Wir sind vielleicht die letzte Generation jener, die einsehen können, was sich da vorbereitet.« Wahrheit und Lüge, die alten Festkörper, verschwinden aus dem Gedächtnis des einzelnen und weichen statt dessen Kategorien, die Funktionen und Fehlfunktionen in Geltung setzen.

Die Durchdringung der Gesellschaft mit Wissen und Informationen wird das Verhalten des einzelnen in immer mehr kontrollierbare Bahnen lenken, die allenfalls noch die Wahl zwischen klar definierten Alternativen einschließt. Multiple choice an Stelle riskanten Denkens. Zur gleichen Zeit verschwindet Erziehung. Sie ist so altmodisch geworden wie die Wahrheit, die Familie und die Autorität. An ihre Stelle tritt eine technisch initiierte Verhaltensüberwachung. Gernot Böhme meint, daß die Verdatung der Gesellschaft diesen Prozeß der Verhaltenskontrolle schnell verstärken wird. Zur Gesellschaft zählt nur noch, was sich verdaten läßt. Die zunehmende Liberalisierung der Arbeitszeitgestaltung zum Beispiel und die Individualisierung in der Produktwahl werden konterkariert durch verstärkte Registrierung und Kontrolle des einzelnen Menschen, über die Daten, die sie produzieren. Es entstehen unsichtbare Netze, in denen der einzelne hängt. Die Qualitätskontrolle von Arbeit macht ebenso schnelle Fortschritte wie sich die Genkartierung entwikkelt. Beides gehört zusammen. Die Daten übernehmen die Rolle des Schicksals: Bald wird man wissen, wann der Krebs zu erwarten ist, wann Alzheimer auftritt usw. Demgegenüber ist leidenschaftlich das Recht auf Nichtwissen festzuhalten. Eine gesellschaftliche Existenz ist in Schweden nur noch über eine Personennummer möglich, in den USA erfüllt die Sozialversicherungsnummer eine ähnliche Funktion. Die Integration der Individuen, die im Mittelalter die Stände und die Religion geleistet haben, die in der Industriegesellschaft die Arbeit und die Familie boten, wird in der Informations- und Wissensgesellschaft über die

Verdatung der Menschen geschehen. Wohlgemerkt: Die Integration der Dateien, die über den Individuen schweben, ersetzt die Integration der Menschen. Sie machen sich selbst zu Anhängseln.

Aufklärung bekommt dadurch eine andere Gestalt. Die Unabhängigkeit gegenüber der Bevormundung durch Experten und der Kampf um Freiheit gegenüber dem Zugriff der Datensysteme wird zum Zentrum eines mündigen Bürgers. Der Bürger – civis – hat der Zivilisation ihren Namen gegeben. Er wird sie sich durch Opposition zurückerobern müssen, die er sich schon einmal mit dem Kampf für Freiheit, Gleichheit und Brüderlichkeit gegen die Feudalgesellschaft errungen hat.

10. GEBOT

HABEN ODER SEIN

Wann und wie werden die Armen
das Himmelreich erben?

Willkommen beim Habenwollen.
Willkommen im Leben.
Reklame für die Eurocard auf der Rückseite des Spiegel-Spezial »Erziehung in der Krise«.

Du sollst nicht begehren das Haus deines Nächsten.

»How might we get globalization to lose it's erection?« (Wie können wir der Globalisierung die Erektion vermiesen?) fragen die Sozialwissenschaftlerinnen Julie Graham und Katherine Gibson.

Weltweit sind die Landschaften des Planeten heute mit Parkplätzen und Kühltürmen, Agrarfabriken und Riesenstädten übersät. Sie haben einem Teil der Menschheit einen ungeahnten Wohlstand beschert, nie gekannte Mobilitäten ermöglicht. Auf der anderen Seite folgen diesen Entwicklungen Klimaveränderungen, genetische Verarmung, Umweltverschmutzung, Zusammenbruch von Immunitäten, Ansteigen des Meeresspiegels und die jährlichen Wanderungsbewegungen von Millionen von Flüchtlingen (Ivan Illich). Auf der ganzen Welt sind die Menschen bedürftig gemacht worden, der Anblick der Industriezivilisation hat alle süchtig gemacht, und Instrumente wie die Entwicklungshilfe haben zur Erodierung beigetragen, wo andere kulturelle Entwürfe noch nicht weggeschwemmt waren. Entwickelt wurde bei der Gelegenheit der Homo miserabilis, der sich im wesentlichen als ein bedürftiges Wesen versteht, dessen Bedürfnisse indessen nie zufriedengestellt werden können, weil sie immer schneller wachsen als die Befriedigungen. Homo miserabilis ist der Nachfolger des Homo sapiens, dessen wir zunächst als Sammler und Jäger ansichtig werden. Fachleute schätzen, daß es insgesamt etwa fünf Milliarden von dieser Spezies gegeben hat. Diese Menschen waren Notwendigkeiten und Unabänderlichkeiten unterworfen, auf die sie kulturelle, religiöse, philosophische Antworten zu finden suchten. »In der ungeheuren Vielfalt der Kulturen erweist sich die Wandelbarkeit des Begehrens und der Wünsche: Jede Gesellschaft und jeder einzelne spürt die Sehnsucht auf andere Weise« (Ivan Illich). Sie kannten Angst und Ehrfurcht, Schrecken und Verzückung, sie fürchteten das Unbekannte nach dem Tod – aber es sieht nicht so aus, als wenn diese Spezies etwas gekannt hätte, das sich mit dem vergleichen ließe, was wir heute unter den Begriff des Bedürfnisses fassen.

Die Toten sind heute – da wir schnell die Zahl von fünf Milliarden Lebenden hinter uns lassen – in der Minderheit. In der lateinischen Antike gab es für den Tod auch das Wort »ire ad multos« – zu den Vielen gehen. Heute sind die Lebenden in der Mehrheit. Dieser größere Teil der Gesamtmenschheit ist abhängig von Elektrizität, synthetischer Kleidung, Junk food und Reisen. Sie ist von Gütern und Dienstleistungen abhängig – und diese Abhängigkeit wird unter dem Begriff »Bedürfnis« verborgen.

Heute fast sechs, morgen sieben, übermorgen acht Milliarden an ihren Bedürfnissen festgenagelte Menschen bevölkern den Planeten. Daß sie alles bekommen können, was sie zur Befriedigung ihrer Bedürfnisse brauchen oder zu brauchen meinen, schließt sich aus. »Du sollst nicht begehren ...!« – dieses Gebot scheint heute besonders »fassungslos«. Da sich die Menschen als Begehrende verstehen, wirkt dieses Gebot wie ein einzelner Cowboy im Angesicht einer Stampede. Das Begehren ist zur Grundmelodie geworden, gegen deren Getöse nichts anderes zu Gehör gebracht werden kann.

Eine Welt, die von Begehrenden bewohnt ist, droht im Chaos der selbsterzeugten Gier zu versinken. Die Knappheiten müssen immer schneller zunehmen, weil die Bedürfnisse mit der Zahl der Möglichkeiten und der Zahl der Menschen wachsen.

Drei Antworten auf die entfesselte Gier und die sich schnell ausbreitenden Knappheiten scheinen denkbar:

① Folgend der Devise »Freie Bahn dem Tüchtigen« verteilen sich die Güter und Dienstleistungen nach dem Muster der Ellbogengesellschaft. Wer sich durchsetzen kann, bekommt, was er will, wer das nicht kann, hat das Nachsehen. Die einen leben dann mit der (allerdings uferlosen) Möglichkeit der Befriedigung ihrer Bedürfnisse, den anderen bleibt die Frustration über die nicht erfüllten Bedürfnisse. Die starken Sieger können ihren Genuß noch steigern, weil ja der Luxus an hellsten glänzt, den andere nicht haben.

② Angesichts begrenzter Ressourcen und wachsender Population werden Güter und Dienstleistungen verwaltet, rationiert und zugeteilt. Die Versorgung der Armen dieser Welt mit überregional geplanter, produzierter und verteilter Nahrung, deren Anfänge wir heute erleben, geht in diese Richtung. Daß medizinische und kulturelle Angebote rationiert werden, daran beginnen wir uns gerade zu gewöhnen. Medizinische Spitzenprodukte sind nicht mehr für alle da, die Universität setzt Regelstudienzeiten durch, und in besonders überlaufenen Museen wird über eine zeitliche Begrenzung der Aufenthaltsdauer von Besuchern nachgedacht. Es ist denkbar, daß eines nicht zu fernen Tages die Zahl der Flugkilometer, die für Urlaubsreisen verbraucht werden, pro Leben begrenzt wird, weil der Himmel voll ist und die Bedrohung der Stratosphäre gefährliche Ausmaße annimmt. Nach allem, was wir wissen, wird das nächste Jahrhundert vor allem von einer zunehmenden Wasserknappheit bestimmt sein, dann bleibt es nicht mehr beim Verbot, den Rasen in Trockenzeiten zu sprengen.

③ Die dritte Möglichkeit, die unwahrscheinliche, aber es wäre die demokratische und humane Variante, daß sich eine Kultur der Selbstbegrenzung durchsetzt, in der die Menschen sich selbst Verzichte abverlangen. Dazu müßten sie sich allerdings darüber klar werden, daß ihre Wünsche unter den Bedürfnissen begraben sind. Sie müßten sich daran erinnern, daß die Intensität und das Glück des Lebens nicht von der Quantität verbrauchter Waren und

Ereignisse abhängt, sondern mit Autonomie, der Liebe zum Nächsten und mit Sozialität verbunden sind.

Für die kommenden Generationen wird sich diese Frage mit jedem Tag zuspitzen: Wie werden wir mit der wachsenden Differenz zwischen dem Reichtum der Reichen und dem Elend der Armen leben? Der Schlüssel zur Lösung dieses weltinnenpolitischen Skandals liegt bei den reichen Ländern. Dort muß über Umverteilungen und Einschränkungen nachgedacht werden. Im Augenblick scheint das noch ganz undenkbar. Aber wir sind nicht ermächtigt zu behaupten, daß unsere Nachkommen genauso raffgierig und blind sein werden wie wir Lebenden.

VORRANG FÜR DEN CITOYEN

Im gleichen Maße wie sich die Flut der Waren und Informationen vermehrt, scheinen die Defizite an Menschlichkeit zuzunehmen. Bevor die Waren und Informationen sich gänzlich verselbständigen und ihren Austausch über den Köpfen der Menschen und abgelöst von ihnen ein eigenes Leben zu führen beginnen, ist ein Rettungsversuch fällig: Nachzudenken ist nicht über den Rentner, den Aktionär, den Konsumenten oder den Steuerzahler, für den sich alles im Hier und Jetzt auszahlen muß, sondern über den Citoyen: Den Mitbürger nicht nur in der lokalen und nationalen Gemeinschaft, sondern auch in der Weltgemeinschaft – was ein großes, aber unvermeidlich gewordenes Wort ist.

Bernard Cassen hat sich an zehn Geboten für eine Weltbürgergemeinschaft versucht:

① **Neue analytische Instrumentarien**
Gebraucht wird ein neu geschaffenes Kriterium für das, was wir Entwicklung nennen wollen. Bisher werden vor allem Arbeitslosenquoten und Bruttoinlandsprodukt

zugrunde gelegt. Zu unterscheiden wäre aber zunächst zwischen Primärreichtümern (den anthropologischen und ökologischen Ressourcen von Gesellschaften) und den abgeleiteten Reichtümern, die auf den ersteren basieren. Gebraucht wird sodann ein Zerstörungsindikator, eine Negativrubrik, in der alles aufgelistet ist, was zwar das Bruttinlandsprodukt in die Höhe treibt, aber Mensch und Natur zerstört. Gesucht wird also ein Begriffsinstrumentarium, das die Menschen nicht auf einen Aktiv- oder Passivposten der Bilanz reduziert.

② Schutz der Medien

Der Journalismus verkommt immer mehr, da sich die privatisierten Medien immer deutlicher Eingriffen der Besitzer (Finanz- und Industriekonzerne) ausgesetzt sehen. Die Informationsfreiheit, auf die sich gerade die Besitzer der Medienkonzerne berufen, ist gefährdet. Redaktionen müßten durch gesetzliche Rahmenbedingungen zu geschützen Räumen erklärt werden, die Zuständigkeit der Journalisten für die Informationen, für die sie vor der Öffentlichkeit verantwortlich wären, muß gewährleistet werden.

③ Neue Technologien zugänglich machen

Die Informationsgesellschaft ist ein Produkt großer Konzerne und ein Teil der amerikanischen Hegemonie. »Die öffentliche Hand muß die gesellschaftliche Aneignung dieser (neuen) Technologien zu einer Grundlage der staatsbürgerlichen Erziehung machen. Und zu diesem Zweck die Großunternehmen dieses Sektors zur Kasse bitten, anstatt ihnen die Schulen schlüsselfertig abzuliefern. »Vordringlich ist . . ., daß die Bürger an diesen neuen Waffen der demokratischen Praxis ausgebildet werden« (Cassen).

④ Mindesteinkommen

Die Produktion von mehr Gütern und Dienstleistungen mit immer weniger Arbeit ist möglich. Das erlaubt es, allen eine finanzielle und soziale Grundversorgung zu bieten. Dies ist dringlich, bevor die Prozesse der Marginalisierung und Ausgrenzung die Kluft zwischen den Besitzenden und den Besitzlosen unüberbrückbar gemacht haben.

⑤ Den Süden einbeziehen

Der Norden muß seine Möglichkeiten mobilisieren, um ein weltweites Gleichgewicht zu befördern. Der soziale Zusammenhalt kann nicht mehr nur eine nationale Frage sein, sondern muß als eine grenzüberschreitende Angelegenheit wahrgenommen werden. Sonst wird der Egoismus des Nordens Massenimigrationen, Fundamentalismus usw. befördern.

⑥ Weltöffentlichkeit

Globalisierungsprozesse der transnationalen Unternehmen, der Finanzmärkte und verschiedener Mafiaorganisationen machen Regulierungsmaßnahmen im Weltmaßstab notwendig. Deswegen müssen UNO-Strukturen – in größerer Unabhängigkeit von den USA – entstehen. Solche Superstrukturen tendieren dazu, oligarchisch und bürokratisch zu werden. Deswegen werden grenzüberschreitende Initiativen gebraucht: gewerkschaftliche, religiöse, kulturelle Netzwerke, humanitäre Organisationen, Initiativen für einen fairen Handel usw. Darin könnte der Keim zu einer globalen Öffentlichkeit entstehen.

⑦ Finanzmacht entwaffnen

Der Primat der Politik und der Bürgerrechte ist gegenüber der faktischen Macht der Finanzsphäre zurückzuerobern. Dazu wird eine signifikante Besteuerung des Kapitals, der

Finanzprofite und Transaktionen auf den Devisenmärkten erforderlich sein. Pensionsfonds sollten nicht an die Stelle der Rentenversicherungen treten.

⑧ Sozialnormen und Umweltauflagen durchsetzen

Die systematische Ausnutzung von Billigarbeitskräften bei gleichzeitiger rücksichtsloser Umweltvernichtung zieht soziale Desintegration nach sich. Die Kosten der Umweltverschmutzung werden bisher externalisiert, also auf die Gemeinschaft abgewälzt. Ein Umbau der Welthandelsorganisationen könnte einen Neuanfang setzen, bei dem die Wahrung von Sozialnormen und die Einhaltung von Umweltauflagen, die heute durch den grenzüberschreitenden Warenverkehr unterlaufen werden, gewährleistet werden.

⑨ Investitionsabkommen

Das Multilaterale Abkommen über Investitionen (MAI) läuft noch auf eine Befriedigung der Ansprüche von Investoren hinaus, ohne daß die Interessen des Gemeinwohls verteidigt werden. Die Auflage, einen bestimmten Prozentsatz der Wertschöpfung am Produktionsort einzusetzen und einen Teil des Gewinns im Produktionsland zu reinvestieren müssen zur Verpflichtung gemacht werden.

⑩ Europa als Hebel der Veränderung

Eine Europäische Union, die sich diese Vorschläge zu eigen machen würde, hätte Macht und Legitimation, um solche Maßnahmen durchzusetzen. Jetzt befindet sich die EU auf dem Zug zu immer mehr Liberalisierung, Freihandel und der schrankenlosen Gewährung von Vorteilen für das Finanzkapital.

Europa kann nicht ernsthaft den Gedanken an ein Zivilisationsprojekt aufgeben und zu einer Koordinationsbehörde für den liberalisierten Markt werden.

Die zehn Gebote, die Cassen formuliert hat, sind sehr konkret und natürlich weit entfernt vom klassischen Dekalog. Aber einen Augenblick lang darf man dieser ökonomischen Variante des Dekalogs doch einmal zuhören, weil die zentralen Themen einer humanisierten zivilisierten Zukunftsgesellschaft damit vor Augen treten. Man sieht zugleich wie das Gebot: »Du sollst nicht begehren …« heute aus seiner lokalen Verankerung notwendig herausgerissen ist und vor der Folie einer Weltgesellschaft neu bedacht werden muß.

EIN ENTWURF

DIE NEUEN GESETZESTAFELN

Von den Tugenden im Zeitalter der Orientierungslosigkeit

Die bischöfliche Liturgiekommission der anglikanischen Kirche zur Vorbereitung des neuen »Allgemeinen Gebetbuchs« für das Jahr 2000 hat sich dafür entschieden, die Zehn Gebote aus dem Gebetbuch für Gottesdienste zu streichen, um die Gottesdienste weniger trübsinnig zu gestalten, berichtet die Sunday Times am 17. November 1997. Das Ansinnen habe unter dem einfachen Klerus einen Proteststurm hervorgerufen.

Ohne Gott gibt es keine Moral, denn – das wurde anfänglich schon beschrieben – unsere moralischen Vorstellungen haben sich aus inzwischen verblaßten theologischen Gedanken gespeist. Der Ausweg liegt für viele in einer Ethik der Nützlichkeit, die nach dem Prinzip verfahren möchte: »Was du nicht willst, daß man dir tu', das füg' auch keinem andern zu.« Es ist letztlich eine Pseudomoral, die sich unausgesprochen an die vermeintlichen Gesetze der Natur anschließt, man könnte auch sagen an die Idee der Buchhaltung, bei der Soll und Haben unter dem Strich abgestimmt sein müssen. Arthur Schopenhauer hat dazu schon gemeint, daß eine Moral, die auf ihre Nützlichkeit schielt, keine ist. Utilitaristische Moral ist ein Eisrezept. Kälter kann es zwischen den Menschen nicht mehr zugehen.

Andererseits gilt: Nicht einmal Kindern, geschweige denn Erwachsenen kann man heute ein argumentloses Regelwerk nach dem Muster »Du sollst« überstülpen. Das wäre notwendig ein Akt der Entmündigung. Wer das nicht als Einwand gelten lassen will, der kann allerdings Gebote verhängen. Der muß aber auch die Geschichte der Emanzipation verabschieden und kann dann wieder zu einer autoritär-fundamentalistischen Propaganda greifen, die Kinder und Erwachsene mit den Du-sollst-Sätzen einer nicht begründeten Moral in Ketten legt. Gebote als Zuchtrute, durch die die richtige »Laufbahn« erzwungen wird.

Die zehn Gesetze des Ersten Sekretärs

Der letzte große Versuch, den Dekalog staatlich in Gebrauch zu nehmen, stammt aus der Feder Walter Ulbrichts, der auf dem 5. Parteitag der SED 1958 »Zehn Gesetze zu sozialistischer Ethik und Moral« formuliert hat. Es ist das Muster einer autoritär verhängten Ideologie, die sich des religiösen Formulars bedient:

I. Du sollst dich stets für die internationale Solidarität der Arbeiterklasse und aller Werktätigen sowie für die unverbrüchliche Verbundenheit aller sozialistischen Länder einsetzen.

II. Du sollst dein Vaterland lieben und stets bereit sein, deine ganze Kraft und Fähigkeit für die Verteidigung der Arbeiter- und Bauernmacht einzusetzen.

III. Du sollst helfen, die Ausbeutung des Menschen durch den Menschen zu beseitigen.

IV. Du sollst gute Taten für den Sozialismus vollbringen, denn der Sozialismus führt zu einem besseren Leben für alle Werktätigen.

V. Du sollst beim Aufbau des Sozialismus im Geiste der kameradschaftlichen Zusammenarbeit handeln, das Kollektiv achten und seine Kritik beherzigen.

VI. Du sollst das Volkseigentum schützen und mehren.

VII. Du sollst stets nach Verbesserung deiner Leistungen streben, sparsam sein und die sozialistische Arbeitsdisziplin festigen.

VIII. Du sollst deine Kinder im Geiste des Friedens und des Sozialismus zu allseitig gebildeten, charakterfesten und körperlich gestählten Menschen erziehen.

IX. Du sollst sauber und anständig leben und deine Familie achten.

X. Du sollst Solidarität mit den um ihre nationale Befreiung kämpfenden und den ihre nationale Unabhängigkeit verteidigenden Völkern üben.

Vom autoritären Charakter, dem die zehn Gebote eingehämmert worden waren, führt der Weg zum vernunftgeleiteten Civis, der sich die Prinzipien des Handelns selbst verordnet oder vom demokratischen Gemeinwesen sagen läßt. Er begreift sich als Mitwirkender in einem Vertrag zwischen den Menschen in einer Gesellschaft.

Der moderne, der flexible Mensch, der in den Seilen zwischen den Teilsystemen turnt, kann die Regulative seines Handelns eigentlich nur aus der Effizienz und dem Funktionieren ableiten. Würde man ihn darum als einen Egoisten bezeichnen, bezöge man sich schon auf eine altmodische Kategorie. Man spräche ihm mehr Individualität zu, als er hat. Der Flexible ist ein nüchterner Utilitarist oder jemand, der alle moralischen Probleme in technische Lösungen umzuformulieren trachtet. Oder jemand, der sich mit moralischen Problemen überhaupt nicht mehr herumschlägt, sondern seine flexible Biographie als ein ästhetisches (nachmoralisches) Projekt begreift.

Aber es bleiben da Leerstellen. Der »Flexible« geht nicht auf – so darf man jedenfalls hoffen und kann man beobachten – in seiner Systemrationalität. Emotionen und Sehnsüchte, Ängste und ein Hunger der Vernunft, der nicht aussterben will, bleiben unbefriedigt.

Vielleicht gelingt es, diesen Strom der Gefühle und inneren Unruhe abzuspalten und therapeutisch zu verwalten und so kaltzustellen? Abgeschoben in die Sektoren der Freizeit, wo man sich in Selbsterfahrungsgruppen, Encountern und systemischen Familientherapien der anderen Seite seiner selbst vergewissern kann, wo die Tränen fließen dürfen und in der Gegend herumgefühlt wird – ohne daß die dort gemachten Erfahrungen in den Alltag zurückschlagen müssen. Das Unabgegoltene würde dort in Emotionsreservate eingesperrt und so ungefährlich bleiben.

Oder aber – und darauf ist zu hoffen – die Menschen

merken, daß ihre Fähigkeit zu funktionieren systematisch vernutzt wird, während sich ihre nicht gebrauchten Empfindungen in Gefühlsparks austoben dürfen. Die Aufspaltung der Menschen in sauber arbeitende Systemteilchen und therapeutisch verwaltete Gefühlsamöben mag gelingen. Die Aufhebung der Spaltung aber, der Versuch, eine »sinnliche Vernunft« (Götz Eisenberg) zu kreieren, steht um so dringlicher auf der Tagesordnung der Humanisierung.

Moral, die sich nicht mehr auf göttliche Autorität berufen kann, muß aufgegeben oder neu erfunden werden. Man kann sie sich eigentlich nur als störrisch gegenüber der Herrschaft des Nützlichen und Effektiven vorstellen. Sie würde das praktizieren, was nicht praktisch ist. Sie würde sich dem Nächsten widmen, ohne auf die Vorteile einer solchen Widmung zu schielen. Sie würden den anderen verschönern, mit ihm leiden und darauf aus sein, etwas zu tun, was sich nicht auszahlt.

Nur für heute . . .

Zehn Gebote der Gelassenheit – formuliert von Johannes XXIII.

① Nur für heute werde ich mich bemühen, den Tag zu erleben, ohne das Problem meines Lebens auf einmal lösen zu wollen.

② Nur für heute werde ich die größte Sorge für mein Auftreten pflegen: vornehm in meinem Verhalten; ich werde niemanden kritisieren, ja, ich werde nicht danach streben, die anderen zu korrigieren oder zu verbessern . . . nur mich selbst.

③ Nur für heute werde ich in der Gewißheit glücklich sein, daß ich für das Glück geschaffen bin . . . nicht nur für die andere, sondern auch für diese Welt.

④ Nur für heute werde ich mich an die Umstände anpassen, ohne zu verlangen, daß die Umstände sich an meine Wünsche anpassen.

⑤ Nur für heute werde ich zehn Minuten meiner Zeit einer guten Lektüre widmen; wie die Nahrung für das Leben des Leibes notwendig ist, ist die gute Lektüre notwendig für das Leben der Seele.

⑥ Nur für heute werde ich eine gute Tat vollbringen, und ich werde es niemandem erzählen.

⑦ Nur für heute werde ich etwas tun, daß ich keine Lust habe zu tun; sollte ich mich in meinen Gedanken beleidigt fühlen, werde ich dafür sorgen, daß niemand es merkt.

⑧ Nur für heute werde ich ein genaues Programm aufstellen. Vielleicht halte ich mich nicht genau daran, aber ich werde es aufsetzen. Und ich werde mich vor zwei Übeln hüten: die Hetze und die Unentschlossenheit.

⑨ Nur für heute werde ich fest glauben – selbst wenn die Umstände das Gegenteil zeigen sollten –, daß die gütige

Vorsehung Gottes sich um mich kümmert, als gäbe es sonst niemanden in der Welt.

⑩ Nur für heute werde ich keine Angst haben. Ganz besonders werde ich keine Angst haben, mich an allem zu erfreuen, was schön ist, und an die Güte zu glauben. Mir ist es gegeben, das Gute während zwölf Stunden zu wirken; mich könnte es entmutigen zu denken, daß ich es das ganze Leben durchsetzen muß.

Eine solche Haltung käme nicht daher mit volltönenden Sätzen, die ein unbefragtes »Du sollst« läuten. Sie wäre vielmehr fragend und fragmentarisch. Würde sich widerspenstig der Verrechnung in Angebot und Nachfrage – also der Marktförmigkeit – verweigern.

Das »Du sollst« kann nur noch vor dem Spiegel gesprochen werden. Weder die unbefragte Autorität Gottes trägt dieses »Du sollst« noch eignet es sich dazu, dem anderen abzuverlangen, was man selbst nicht geben oder sein möchte.

So könnte man als Konsequenz aus den in diesem Buch vorgetragenen Überlegungen eine Neuinterpretation des Dekalogs wagen, der das Alte nicht außer Kraft setzt, aber den Zusammenhang mit der spätmodernen Gesellschaft der Flexiblen herstellt.

① Du sollst dir die Sehnsucht nach dem Sinn nicht ausreden lassen.
② Du sollst die Zukunft der Menschen und anderer Lebewesen nicht versteinern.
③ Du sollst dir ein würdiges Schweigen vorbehalten.
④ Du sollst die Schöpfung nicht zur Ressource degradieren.
⑤ Du sollst die Verhältnisse zwischen den Alten und den Jungen nicht vergiften.
⑥ Du sollst »das Leben« nicht von der personalen Gestalt lösen, um es zu manipulieren.
⑦ Du sollst die Menschen, die du liebst, nicht vernützlichen.
⑧ Du sollst Ungerechtigkeit nicht als unvermeidbar hinnehmen.
⑨ Du sollst nicht vergessen, dich zu erinnern.
⑩ Du sollst nicht übersehen, daß es der Verzicht ist, der Freiheit ermöglicht.

Hört man jemanden sagen: Das ist ja alles nur negativ! Wo bleibt das positive Denken, die Aussage darüber, was ich soll? Statt nur zu sagen, was ich *nicht* soll?

Vor der Unterscheidung zwischen Gut und Böse liegt in unserer Menschheitsgeschichte wohl die Unterscheidung zwischen tabu und nicht tabu, zwischen heilig und profan, zwischen rein und unrein. Das »Du sollst nicht!« schärfte den Unterschied zwischen diesen Bereichen ein und bewahrte vor der Betretung verbotener Bezirke des Lebens und der Welt. Nicht, was man tun soll regelt das »tabu«, sondern das, was man zu unterlassen hat. Verbieten ist früher als Gebieten – sagt Günther Anders und fügt hinzu: »Wer, wie es heute populär ist, Theorien vorwirft, sie seien ›nur negativ‹, müßte das allen Moralen, vom Tabu an, vorwerfen.« Umgekehrt gilt: Wo es kein Tabu mehr gibt, wo die Unterscheidung zwischen rein und unrein verloren ist, wo zwischen religiös und profan nicht mehr unterschieden werden kann, da wird die Differenz zwischen Gut und Böse eigentlich mit ins Nichts gerissen. Das »Du sollst nicht!« ist mit der Welt, die als System betrachtet wird, nicht kompatibel: Dort kann es nur ein Funktionieren und Nichtfunktionieren geben. Das »Du sollst nicht!« ist der Versuch, geschwundene Unterscheidungen wieder einzuführen, zu rekonstruieren. Sie setzt moralischen Erfindergeist, nicht Servilität angesichts der Rationalität technisch-wissenschaftlicher Zwangsabläufe voraus.

Man kann diese »Gebote«, dieses »Du sollst nicht!«, durchaus mit der alten Tugend- und Lasterlehre der mittelalterlichen Theologie verbinden und sie davon befruchten lassen:

1. ***Fides,*** der Glaube, ist dem ersten Gebot zuzugesellen. Es bedarf fast eines Glaubensaktes, um wiederzubeleben, was den Menschen früher selbstverständlich schien: daß die Existenz und die Geschichte einen Sinn haben. Mehr als die Sehnsucht danach werden wir nicht erlangen können (erstes Gebot).

2. ***Spes,*** die Hoffnung, muß sich mit der Zukunft verknüpfen, die das Leben der Kommenden nicht zu prägen, sondern zu ermöglichen hat. Die Hoffnung ist das Gegenteil zur Versteinerung und Vergötzung der Zukunft (und gehört deshalb zum zweiten Gebot).

3. ***Prudentia,*** die Klugheit, hält sich heraus aus dem Ruin der Sprache durch das Geschwätz, aus der Zerstörung der Sinne durch Lärm, Beschleunigung und Ablenkung (drittes Gebot).

4. ***Temperantia,*** die Mäßigung, wird sich an der Zerstörung und Ausraubung der Schöpfung nicht beteiligen (viertes Gebot).

6. ***Fortitudo,*** die Tapferkeit, die wir als kriegerische

Tugend kennen, tritt heute auf im Widerstand gegen die Enteignung des Lebens und des Todes. Denn das »Nein, danke!« erfordert immer mehr Mut (sechstes Gebot).

7. ***Caritas,*** die Liebe, leitet die Menschen dazu an, in der Beziehung zum anderen nicht das Eigene, sondern das des anderen zu suchen. »Mir alle Pflichten, dir alle Rechte« – so formuliert Emmanuel Levinás das Prinzip der Liebe (siebtes Gebot).

8. Justitia, die Gerechtigkeit, die die Waage in der Hand hält, kann die immer tiefer sich öffnende Schlucht zwischen arm und reich nicht als unvermeidlich hinnehmen (achtes Gebot).

Dies sind die klassischen sieben Tugenden, von denen vier aus der Antike überliefert sind (die Tapferkeit, die Gerechtigkeit, die Mäßigung und die Klugheit), während Glaube, Liebe und Hoffnung als christliche Tugenden hinzutreten.

Für drei Gebote greifen wir auf den erweiterten Kanon der mittelalterlichen Tugendlehre (wie sie zum Beispiel bei Hildegard von Bingen zu finden ist) zurück.

5. Humilitas, die Demut, wäre das Kontrastprogramm gegen die lobbyistische Verkürzung des Verhältnisses zwischen den Generationen. Beiden stünde die Demut – als Form des Respektes vor der anderen Generation – gut zu Gesicht (fünftes Gebot).

9. Veritas, die Wahrheit, meinen wir nicht mehr zur Verfügung zu haben wie andere Zeiten. Das heißt aber nicht, daß die Suche nach der Wahrheit auf den Müllhaufen der Geschichte und überholter Denkbewegungen gehört (achtes Gebot).

10. Disciplina, die Zucht, die davor bewahrt, sich aufzulösen in der marktgerechten Begehrlichkeit nach Dingen, Ereignissen und menschlichen Objekten (zehntes Gebot).

Die Zehn Gebote sind eine Stimme aus der religiösen Vergangenheit und haben eben deshalb für viele keine göttliche Autorität mehr. Sie sprechen in eine soziale Situation, die nicht die unsere ist. Ihr »Du sollst nicht!« ist ein ferner Klang. Aber es ist dennoch möglich – so sollte gezeigt werden –, auf sie zu hören. Sie waren gedacht als moralische Barrikaden, und als solche sprechen sie vielleicht auch in eine Situation, in der die Aufforderungen zu Deregulierung und Innovation die Gefahr mit sich bringen, die Liebe zum Nächsten, die Sehnsucht nach sozialer Gerechtigkeit und den Wunsch nach einem sinnerfüllten Leben in Vergessenheit geraten zu lassen. Insofern erinnert der Dekalog an die Notwendigkeit zu menschen- und weltfreundlichen Blockaden. Wir treten, könnte man sagen, in eine dritte Epoche im Umgang mit dem Dekalog ein. Erst war er das göttliche Gesetz, dann wurde er – seit Luther – ein pädagogisches Instrument. Und jetzt könnte er zur moralischen Barrikade in einer innovationsbesessenen Gesellschaft werden. Vielleicht kehren wir mit den Zehn Geboten zurück in eine Zeit, in der die Verinnerlichung von Normen noch nicht begonnen hatte – ebenso wie diese Verinnerlichung heute gefährdet ist. Vielleicht schreiten wir aber mit den Zehn Geboten als Türöffner auch voran in Räume, die aus dem bloßen Stumpfsinn des Seienden herausführen. Wir müssen lernen, das Unmögliche zu denken, und wir müssen unrealistisch sein: radikal fortschrittlich – nicht nur in Wissenschaft und Technologie, sondern vor allem in der Moral.

DANKSAGUNG

Noch mehr als sonst bin ich denen dankbar, die mir bei der Verfertigung dieses Manuskriptes durch Anregungen, Informationen und Gespräche hilfreich gewesen sind. Dazu gehören vor allem Albert Sellner, Matthias Rompel, Georgia A. Rakelmann und Wilfried Lamparter.

Reimer Gronemeyer, im Oktober 1998

LITERATUR

Adorno, Theodor W.: Probleme der Moralphilosophie. Frankfurt/Main 1996.

Anders, Günther: Ketzereien. München 1996.

Arendt, Hannah: Eichmann in Jerusalem. München 1998.

Assheuer, Thomas: Der Kult des Banalen. *in:* Die Zeit vom 7.5.1998.

Auerbach, Elias: Moses. Heidelberg 1953.

Baumann, Zygmunt: Postmoderne Ethik. Hamburg 1995.

Becker, Gary S.: Economics of Life. o.O. 1996.

Ben-Chorin, Schalom: Die Tafeln des Bundes. Tübingen 1987.

Bericht über die menschliche Entwicklung 1997. Veröffentlicht für das Entwicklungsprogramm der Vereinten Nationen (UNDP). Bonn 1998.

Blumenberg, Hans: Lebenszeit und Weltzeit. Frankfurt/Main 1986.

Böhme, Gernot: Wissen als kulturelles Kapital. *in:* Frankfurter Rundschau vom 12.4.1997.

Bourdieu, Pierre: Gegenfeuer. Konstanz 1998.

Braulik, Georg: Die deuteronomischen Gesetze und der Dekalog. Stuttgart 1991.

Bruckner, Pascal: Ich leide, also bin ich. Die Krankheit der Moderne. Berlin 1996.

Buber, Martin: Was soll mit den 10 Geboten geschehen? *in:* Werke/Band 2: Schriften zur Bibel. München 1964.

Cassen, Bernard: Die zehn Gebote der Welt-Bürgergesellschaft. *in:* Le monde diplomatique vom 4. 5. 1998.

Champeaux, Gerad de/Sterckx, Sebastien: Einführung in die Welt der Symbole. Würzburg 1990.

Crüsemann, Frank: Bewahrung der Freiheit. Das Thema des Dekalogs in sozialgeschichtlicher Perspektive. Gütersloh 1993.

Delitzsch, Franz: Babel und Bibel. Leipzig 1902.

Der Physiologus. Tiere und ihre Symbolik. Zürich 1995.

Eisenberg, Götz: Jugend ist, was junge Leute selten haben. Die Arbeit der Gießener Jugendwerkstatt im gesellschaftlichen Kontext. Manuskript, Gießen 1998.

Eisenberg, Götz/Gronemeyer, Reimer: Jugend und Gewalt. Reinbek 1993.

Emmrich, Michael: Der »schändliche Kannibalismus«. *in:* Frankfurter Rundschau vom 10. 5. 1994.

Fekl, Werner: Astronautendiät. Ein Weg zur synthetischen Nahrung. *in:* Robert Ammon/Janos Holló (Hrsg.): Natürliche und synthetische Zusatzstoffe in der Nahrung des Menschen. Darmstadt 1974.

Flusser, Vilém: Dinge und Undinge. Phänomenologische Skizzen. München 1992.

Freud, Sigmund: Der Mann Moses und die Entstehung der monotheistischen Religion. Frankfurt/Main 1975.

Fromm, Erich: Der Sabbat. *in:* Imago 6, 1927.

Gorz, André: Kritik der ökonomischen Vernunft. Hamburg 1994.

Gronemeyer, Marianne: Das Leben als letzte Gelegenheit. Darmstadt 1993.

Gronemeyer, Marianne: Lernen mit beschränkter Haftung. Über das Scheitern der Schule. Berlin 1996.

Gronemeyer, Reimer: Die Entfernung vom Wolfrudel. Über den drohenden Krieg der Jungen gegen die Alten. Düsseldorf 1989.

Gronemeyer, Reimer: Ohne Seele, ohne Liebe, ohne Haß.

Vom Ende des Individuums und vom Anfang des Retortenmenschen. Düsseldorf 1992.
Gronemeyer, Reimer: Das Blut deines Bruders. Über die Zukunft der Gewalt. Düsseldorf 1993.
Gronemeyer, Reimer: Wozu noch Kirche? Berlin 1995.
Gronemeyer, Reimer: Alle Menschen bleiben Kinder. Düsseldorf 1996.
Gronemeyer, Reimer: Die neue Lust an der Askese. Berlin 1998.
Hobsbawm, Eric J.: Das Zeitalter der Extreme. Weltgeschichte des 20. Jahrhunderts. München 1995.
Horkheimer, Max: Gesammele Schriften. Band VII/VIII: Vorträge und Aufzeichnugen 1949–1973. Frankfurt/Main 1985.
Horkheimer, Max/Adorno, Theodor W.: Dialektik der Aufklärung. Frankfurt/Main 1969.
Horx, Matthias: Das Zukunfts-Manifest. Düsseldorf 1997.
Hossfeld, Frank Lothar: Der Dekalog. Seine späten Fassungen, die originalen Komponenten und seine Vorstufen. Göttingen 1982.
Illich, Ivan/Duden, Barbara/u. a.: Zur Geschichte des Blikkens. Schriften 1994–1997, Band I. Manuskript. Bremen 1997.
Illich, Ivan/Duden, Barbara/u. a.: »Ein Leben« als Entkörperung. Schriften 1994–1997, Band II. Manuskript. Bremen 1997.
Illich, Ivan/Duden, Barbara/u. a.: Über Proportionalität. Schriften 1994 – 1997, Band III. Manuskript. Bremen 1997.
Kertész, Imre: Ich – ein anderer. Berlin 1998.
Kieslowski, Krzysztof/Piesiwicz, Krzysztof: Dekalog. Zehn Geschichten. München 1994.
Kittel, Gerhard (Hrsg.): Theologisches Wörterbuch zum Neuen Testament. Stuttgart, Berlin, Köln 1922–1979.
Klee, Ernst: Auschwitz, die NS-Medizin und ihre Opfer. Frankfurt/Main 1997.

Küng, Hans/Kuschel, Karl-Josef (Hrsg.): Wissenschaft und Weltethos. München 1998.

Levinás, Emmanuel: Zwischen uns. Versuche über das Denken an den Anderen. München 1995.

Maier, Johann: Die Kabbalah. München 1995.

Mann, Thomas: Das Gesetz. Frankfurt/Main 1983.

Mielke, Jörg: Der Dekalog in den Rechtstexten des abendländischen Mittelalters. Aalen 1992.

Münzel, Mark: Endlich ich! Zeitvertreib als Arbeit bei Amazonasindianern. Manuskript. Marburg 1997.

Negt, Oskar: Nähe, Distanz und Achtung als Existenzbestimmungen der modernen Welt. Rede zum 18. Kongreß der Deutschen Gesellschaft für Transaktionsanalyse am 9. 5. 1997 in Weimar.

Otto, Rudolf: Das Heilige: Über das Irrationale in der Idee des Göttlichen und sein Verhältnis zum Rationalen. München 1991.

Pasolini, Pier Paul: Freibeuterschriften. Berlin 1978.

Petrella, Riccardo: Die neuen Gesetzestafeln. *in:* Le Monde diplomatique. Oktober 1995.

Petuchowski, Jakob (Hrsg.): Die Stimme am Sinai: Ein rabbinisches Lesebuch zu den Zehn Geboten. Freiburg 1981.

Pörksen, Uwe: Weltmarkt der Bilder. Stuttgart 1997.

Rad, Gerhard von: Theologie des Alten Testaments. Band I. München 1961.

Rahnema, Majid: Armut, *in:* Wolfgang Sachs (Hrsg.): Wie im Westen, so auf Erden. Reinbek 1993.

Rauschning, Hermann: Gespräche mit Hitler. Wien 1973.

Reichert, Thomas (Hrsg.): Buber für Atheisten. Ausgewählte Texte. Gerlingen 1996.

Röthlisberger, Hugo: Kirche am Sinai. Die Zehn Gebote in der christlichen Unterweisung. Zürich 1965.

Rossum, Walter van: Simone de Beauvoir und Jean-Paul Sartre. Berlin 1998.

Sachs, Wolfgang (Hrsg.): Wie im Westen, so auf Erden. Reinbek 1993.
Sachs, Hannelore, u. a.: Christliche Ikonographie in Stichworten. Leipzig 1988.
Safranski, Rüdiger: Das Böse oder Das Drama der Freiheit. München/Wien 1997.
Sartre, Jean-Paul: Schwarze und weiße Literatur. Aufsätze zur Literatur 1946 – 1960. Reinbek 1984.
Schestow, Leo: Athen und Jerusalem. Versuch einer religiösen Philosophie. München 1994.
Schmidt, Werner: Die Zehn Gebote im Rahmen alttestamentlicher Ethik. Darmstadt 1993.
Sennett, Richard: Der flexible Mensch. Die Kultur des neuen Kapitalismus. Berlin 1998.
Sigusch, Volkmar: Metamorphosen von Leben und Tod. Ausblick auf eine Theorie der Hylomatie. *in:* Psyche 51, Heft 9/10, 1997.
Spaemann, Robert: Philosophische Essays. Stuttgart 1994.
Spaemann, Robert: Weltethos als »Projekt«. *in:* Merkur. Moral und Macht, 9/10 1996, S. 893–904.
Tišma, Aleksandar: Die Schule der Gottlosigkeit. München 1993.
Virilio, Paul: Rasender Stillstand. München 1992.
Wetering, Jan van de: Der leere Spiegel. Reinbek 1981.
Zedler, Johann Heinrich: Großes vollständiges Universal-Lexikon. Halle 1732.
Zieger, Andreas: Keine »Euthanasie« bei Wachkomapatienten. Manuskript, o.O. 1995.
Zink, Jörg: Neue Zehn Gebote. Stuttgart 1995.

PERSONEN- UND SACHREGISTER

Andrea Hurton

1000 Tage bis zur Zukunft

Moden und Trends am Vorabend der Jahrtausendwende

Edition Zukunft
Herausgegeben von Matthias Horx und Albert Sellner

Die Zeit läuft. Wir stehen am Vorabend der Jahrtausendwende. Eigentlich ändern sich nur ein paar Ziffern – und doch wird die Welt nicht mehr so sein, wie sie war. Die Magie der Zeitenwende bringt uns eine der faszinierendsten Epochen unseres Jahrhunderts.
Andrea Hurton zeichnet die wichtigsten Moden, Trends und Megatrends unserer Zeit auf. Die Unternehmensberaterin faßt die bestimmenden Ideen unserer Epoche zusammen, die auch unsere Zukunft in Wirtschaft und Kultur, Politik und Architektur, Mode und Marketing prägen werden. Wer in Sachen Zukunft mitreden will, sollte dieses Buch kennen!

Aus dem Inhalt:
Das größte Fest des Jahrtausends: Sylvester 1999
Die Epochenwenden 1000 und 1900: Apokalypse und Fin de siècle
Die Kultur der Dekadenzerotik und Rausch
Die Zukunft zwischen Spiritualismus und Futurismus
Der Produktivfaktor Kultur
Networking, Clanning, Tribes: Die nomadisierende Organisation

Matthias Horx

Das Zukunftsmanifest

Wie wir uns auf das 21. Jahrhundert vorbereiten können

Edition Zukunft
Herausgegeben von Matthias Horx und Albert Sellner

Die Diskussion um unsere Zukunft wird bestimmt durch negative Schlagworte wie »Globalisierungsfalle« und »Wohlstandsverluste«, oftmals fehlen Sachlichkeit und Klarsicht.
Der Journalist, Soziologe und Trendforscher Matthias Horx entwirft in seinem Manifest eine Zukunft der europäischen Demokratien im Zeitalter von Globalisierung, Individualisierung und Information. Mit dem Entwurf neuer Gesellschaftskontrakte für das 21. Jahrhundert setzt er dem in Deutschland grassierenden Rezessionspessimismus einen realistischen Optimismus entgegen.

Aus dem Inhalt:
Warum die Deutschen sich so schwertun mit der Zukunft
Die neue Arbeit: Die Kultur der Selbständigkeit
Die neue Wissenskultur: Wenn Lernen flüssig wird
Die neue Politik: Modernisierung jenseits von links und rechts
Die neue Innovationskultur: Die Wachstumsmotoren der Wirtschaft von morgen